“八五”普法

学习案例一本通

《“八五”普法学习案例一本通》编写组 ◎编著

台海出版社

图书在版编目（CIP）数据

"八五"普法学习案例一本通 /《"八五"普法学习案例一本通》编写组编著. -- 北京：台海出版社，2021.3（2022.12 重印）

ISBN 978-7-5168-2903-5

Ⅰ.①八… Ⅱ.①八… Ⅲ.①法律—案例—中国 Ⅳ.①D920.5

中国版本图书馆 CIP 数据核字（2021）第 031295 号

"八五"普法学习案例一本通

编　　著：《"八五"普法学习案例一本通》编写组

出 版 人：蔡　旭　　　　封面设计：张合涛

责任编辑：赵旭雯

出版发行：台海出版社

地　　址：北京市东城区景山东街 20 号　邮政编码：100009

电　　话：010-64041652（发行，邮购）

传　　真：010-84045799（总编室）

网　　址：www.taimeng.org.cn/thcbs/default.htm

E-mail：thcbs@126.com

经　　销：全国各地新华书店

印　　刷：三河市嘉科万达彩色印刷有限公司

本书如有破损、缺页、装订错误，请与本社联系调换

开　　本：880 毫米 ×1230 毫米　1/32

字　　数：176 千字　　　　印　　张：8.25

版　　次：2021 年 3 月第 1 版　　印　　次：2022 年 12 月第 2 次印刷

书　　号：ISBN 978-7-5168-2903-5

定　　价：48.00 元

前　言

随着《民法典》的出台，全国上下掀起了一轮新的学法大潮。的确，由于社会的不断复杂化和人们法律意识的不断提高，法律越来越成为我们工作和生活中所不可或缺的一部分。在任何领域，如果你多懂一点法，就能避免吃亏。并且，懂法的人相应地会有较高的法律意识，能够避免很多潜在的风险。例如，甲在签合同的时候，只注意价款、分红、报酬等这些涉及金钱的条款，而忽视了其他关于甲乙双方的权利义务、违约责任等条款，然后就稀里糊涂地签了字，结果被人狠狠地“坑”了一把。又如：某人在朋友圈发布诋毁他人的文章以泄心头之恨，结果被对方告上了法庭，最后自己还被要求公开道歉，颜面尽失。这些都是因当事人缺乏法律意识、不懂法而造成的结果。

法律，是我们在维权、无助、受到伤害、受到不公等情形下，最稳妥的依靠。正是因为法律的存在，有法律给我们做后盾，我们才能理直气壮地去维护法律赋予我们的权利。在此，为了帮助大家了解一些常见的法律知识，我们特别编写了本书，希望能给大家带来帮助。

本书的特色主要体现在以下三点：

第一，依托最新的法律，解读最贴近现实的案例。

《民法典》的颁布为我国的法律注入了新鲜血液。我们结合《民法典》等最新的法律规定，选取生活中的常见案例，以案例分析的形式向大家传递法律知识，具有很强的实用性。

第二，内容全面丰富，涵盖多种社会生活领域。

本书共有十二章，内容全面丰富，涵盖婚姻家庭、继承、侵权责任、人格权保护、合同、物权、劳动就业、消费维权、道路交通、看病就医、违法犯罪、诉讼等多个领域，涉及法律知识具有很强的典型性，能够给我们带来帮助和启迪。

第三，语言通俗易懂，以案说法传播法律知识。

用通俗易懂的语言传递法律知识是我们的创作理念。本书始终奉行通俗又不失严谨的原则，通过经典的案例分析模式，生动形象地向大家传递法律知识。读案例，学法律，一点也不枯燥！

法，国之权衡也，时之准绳也。①

衷心希望本书能成为大家学法用法的得力助手！对于书中的不足之处，敬请批评指正！

本书编写组

①出自唐朝吴兢《贞观政要·公平》。

目　录

第一章　婚姻家庭法律知识

第二章　继承法律知识

第三章　侵权责任法律知识

第五章　合同法律知识

第六章　物权法律知识

第七章　劳动就业法律知识

第八章　消费维权法律知识

第九章　道路交通法律知识

第十章　看病就医法律知识

第十一章　违法犯罪法律知识

第十二章　诉讼法律知识

第一章　婚姻家庭法律知识

1. 男方需要对出轨所生的孩子尽抚养义务吗?

情景再现

李先生是一家上市公司的总监，早已结婚的他和妻子分居两地，感情平平。2018 年 6 月，李先生在出差时认识了张小姐，被张小姐美貌吸引的他对张小姐展开了猛烈的追求。不知李先生已非单身的张小姐很快沦陷，与李先生交往，并发生了性关系。2019 年 1 月，张小姐发现自己怀孕了，向李先生提出结婚遭到拒绝，后才知道李先生早已结婚，自己“被小三”了。李先生让张小姐去医院流产，但是张小姐早已对李先生情根深种，想要靠孩子挽回李先生，毅然决然地生下了孩子。张小姐生下孩子后，李先生不想负任何责任，也没有给一分钱，张小姐觉得李先生可以不管自己，但还是要给孩子抚养费，履行抚养义务。那么，男方需要对出轨所生的孩子尽抚养义务吗?

以案说法

我国《民法典》第一千零七十一条规定：“非婚生子女享有与

婚生子女同等的权利，任何组织或者个人不得加以危害和歧视。不直接抚养非婚生子女的生父或者生母，应当负担未成年子女或者不能独立生活的成年子女的抚养费。”也就是说，即使是私生子，生父也需要承担抚养费，生了不养是不行的。

本案中，虽然张小姐和李先生不是夫妻，但是李先生是孩子的生父，需要承担孩子在独立生活前的抚养费用。李先生如果不管不顾，张小姐可以向法院起诉李先生，要求李先生履行抚养义务。

法条链接

《中华人民共和国民法典》

第一千零七十一条 非婚生子女享有与婚生子女同等的权利，任何组织或者个人不得加以危害和歧视。

不直接抚养非婚生子女的生父或者生母，应当负担未成年子女或者不能独立生活的成年子女的抚养费。

2. 认为孩子不是亲生的，可以向法院起诉要求否认亲子关系存在吗?

情景再现

2020 年 6 月，江小姐和吴先生在一次朋友聚会上相识。吴先生对江小姐一见钟情，于是对其展开了猛烈的追求，不久两人就确定了恋爱关系，半年后步入了婚姻殿堂。2021 年 10 月，江小姐生下了一个儿子，吴先生十分高兴，对江小姐更是百般体贴，百依百顺。

一次偶然的机会，吴先生发现江小姐和她的前男友还有联系，结婚后两人还出去开过房。吴先生很震惊，甚至怀疑儿子不是自己亲生的，想要去做亲子鉴定。江小姐知道吴先生的想法后，坚决不同意，还将孩子带回了自己的父母家。那么，觉得孩子不是亲生的，吴先生可以向法院起诉要求否认亲子关系存在吗?

以案说法

我国《民法典》第一千零七十三条规定：“对亲子关系有异议且有正当理由的，父或者母可以向人民法院提起诉讼，请求确认或者否认亲子关系。对亲子关系有异议且有正当理由的，成年子女可以向人民法院提起诉讼，请求确认亲子关系。”简而言之，如果对自己是否是孩子的亲生父母不确定，又有正当合理的理由，本人是可以向法院起诉请求确认亲子关系的。

在上面的案例中，吴先生怀疑江小姐所生的孩子不是自己的儿子，如果确实有合理的理由，可以向法院起诉，请求确认自己和儿子间不存在亲子关系。

法条链接

《中华人民共和国民法典》

第一千零七十三条　对亲子关系有异议且有正当理由的，父或者母可以向人民法院提起诉讼，请求确认或者否认亲子关系。

对亲子关系有异议且有正当理由的，成年子女可以向人民法院提起诉讼，请求确认亲子关系。

3. 婚姻一方当事人患有重大疾病的，结婚前不告诉对方，对方知道后可以撤销婚姻吗?

情景再现

魏某是某大学的研究生，硕士毕业后应聘到了某科技公司工作。其工作能力非常强，受到领导的重视。因魏某一直没有女朋友，魏某的领导介绍了自己好朋友的表妹小于给魏某。两人见面之后，魏某觉得小于心地善良，而且性格非常好。两人在相处半年后决定结婚。然而，在两人登记结婚后，一天，小于突然晕倒，被送往医院。此时，魏某才得知小于患有先天性心脏病，而且医生告诉魏某小于的情况非常严重，唯一的治疗办法就是做手术换心脏，但也很难找到合适的心脏。在知道小于患有先天性心脏病后，对于小于欺骗自己，魏某非常难过，觉得自己以后可能会面临很大的经济压力和心理压力。于是，魏某想结束这段婚姻。那么，魏某应该怎么办？其是否可以悔婚?

以案说法

在现实生活中，有的婚姻当事人为了结婚，故意隐瞒自己患有重大疾病的事实，从而导致在结婚后，另一方发现事实真相后难以接受，出现纠纷。对于此种情形，根据我国《民法典》第一千零五十三条的规定，在结婚的当事人中，如果一方患有重大疾病，如肿瘤、先天性心脏病、严重精神疾病等治疗费用较高且在较长一段时间内严重影响患者及其正常生活和工作的疾病，则患病一方有义务在结婚登记前告知对方。如果患病一方未如实告知对方，在结婚后，另一方发现的，可以在知道之日起一年内请求人民法院撤销婚姻。由此可知，在婚姻中，患有重大疾病的一方需要履行婚前告知义务。

在上面的案例中，小于患有先天性心脏病，该病属于重大疾病，会影响小于婚后的正常生活。因此，小于应当在结婚之前将自己患病的事实如实告诉魏某，而小于却予以隐瞒。此情况下，如果魏某想结束婚姻，其可以在知道这个情况之日起一年内向法院请求撤销婚姻。

法条链接

《中华人民共和国民法典》

第一千零五十三条　一方患有重大疾病的，应当在结婚登记前如实告知另一方；不如实告知的，另一方可以向人民法院请求撤销婚姻。

请求撤销婚姻的，应当自知道或者应当知道撤销事由之日起一年内提出。

4. 法律规定的无效婚姻情形有哪些?

情景再现

许某是某商场化妆品专柜的售货员，长得非常漂亮，其一直以来的梦想就是希望自己可以嫁得好，成为所谓的“有钱人”。一次，许某在上班过程中与胡某相识，许某看胡某全身都是名牌，而且长得帅，顿时心生爱意。后来两人开始交往。胡某告诉许某自己是富二代，是为了脱离父母的庇护才到外地打拼。不久之后，胡某向许某求婚。两人在民政局登记结婚后，许某提出自己要办一场盛大的婚礼。胡某告诉许某其实自己之前是骗许某的，自己的父母只是普通的员工，自己也不是富二代。对此，许某非常生气，认为胡某是骗婚，故准备向法院起诉，请求判决他们的婚姻无效。那么，他们的婚姻是否属于无效婚姻？哪些情形下，婚姻是无效的？

以案说法

许某与胡某的婚姻不属于法定无效婚姻。关于无效婚姻的法定情形，根据《民法典》第一千零五十一条的规定，在下列情形下，婚姻无效：（1）重婚；（2）有禁止结婚的亲属关系。所谓禁止结婚的亲属关系，根据该法第一千零四十八条的规定，是指直系血亲或者三代以内的旁系血亲，如兄妹、表兄妹等；（3）未到法定婚龄。即男不得早于二十二周岁，女不得早于二十周岁。

在本案中，胡某谎称自己是富二代，使得许某与自己结婚，这并不属于法律规定的婚姻无效的情形。因此，即使许某向法院起诉，法院也不会判决双方的婚姻无效。但许某可以与胡某离婚。

法条链接

《中华人民共和国民法典》

第一千零四十七条　结婚年龄，男不得早于二十二周岁，女不得早于二十周岁。

第一千零四十八条　直系血亲或者三代以内的旁系血亲禁止结婚。

第一千零五十一条　有下列情形之一的，婚姻无效：

（一）重婚；

（二）有禁止结婚的亲属关系；

（三）未到法定婚龄。

5. 稿费属于夫妻共同财产吗?

情景再现

孙某是某大学副教授，一直专注于写作。其妻子沈某在外地工作，两人由于长期分居，夫妻感情破裂，沈某认为两人的婚姻无法再继续维持，故提出了离婚。在离婚时，双方对夫妻共同财产达成了协议。然而，在离婚半年后，沈某得知孙某得到了一笔稿费。沈某认为孙某的书是在婚姻存续期间完成的，当时已经签订了出版合同，约定了稿酬，故此笔稿费应该属于夫妻共同财产，自己应分割一半，于是向孙某提出分割要求。但是，孙某认为稿费是自己在离婚之后才拿到的，不属于夫妻共同财产。那么，稿费是否属于夫妻共同财产?

以案说法

关于夫妻共同财产的范围，根据我国《民法典》第一千零六十二条的规定，夫妻在婚姻关系存续期间所得的知识产权的收益，属于夫妻共同所有。所谓的知识产权收益，是指夫妻在婚后转让或者许可他人使用自己的著作权、专利权、商标权等所得的收入。同时，根据《最高人民法院关于适用〈中华人民共和国民法典〉婚姻家庭编的解释（一）》第二十四条的规定，“知识产权的收益”是指婚姻关系存续期间，实际取得或者已经明确可以取得的财产性收益。因此，在夫妻关系存续期间，只有实际取得或者已经明确可以取得的知识产权收益才属于夫妻共同财产。

在上面的案例中，孙某在婚姻关系存续期间已经与出版社签订了出版合同，并约定了稿酬，这属于可以明确取得的知识产权收益。因此，孙某的稿酬应属于夫妻共同财产，沈某可以请求分割。

法条链接

《中华人民共和国民法典》

第一千零六十二条 夫妻在婚姻关系存续期间所得的下列财产，为夫妻的共同财产，归夫妻共同所有：

（一）工资、奖金、劳务报酬；

（二）生产、经营、投资的收益；

（三）知识产权的收益；

（四）继承或者受赠的财产，但是本法第一千零六十三条第三项规定的除外；

（五）其他应当归共同所有的财产。

夫妻对共同财产，有平等的处理权。

《最高人民法院关于适用〈中华人民共和国民法典〉婚姻家庭编的解释（一）》

第二十四条 民法典第一千零六十二条第一款第三项规定的“知识产权的收益”，是指婚姻关系存续期间，实际取得或者已经明确可以取得的财产性收益。

6.“共债共签”是不是界定夫妻共同债务的唯一标准？

情景再现

陈某与李某是夫妻，李某平日无所事事，好吃懒做，家里所有生活开支都是靠陈某一个人在外打工来维持。由于孩子逐渐长大，家里的开销越来越大，陈某的收入无法再维持生活。因此，其便要求李某出去打工。但是李某不肯。为此，陈某提出离婚，其认为李某作为一个男人应该养家糊口，自己无法再继续忍耐。李某答应离婚。同时，陈某提出自己曾经为了家庭日常生活向好朋友杜某借了1万块钱，要求作为夫妻共同债务，两人一人一半。李某称只有夫妻共同签字的债务才是夫妻共同债务，而自己从来没有在这笔债务上签字，所以拒绝承认该借款是夫妻共同债务。那么，“共债共签”是界定夫妻共同债务的唯一标准吗？

以案说法

在现代社会，随着经济的不断发展，债权债务关系日益复杂，尤其是夫妻共同债务的界定问题。在过去，有的夫妻一方因对方的赌博、吸毒等行为背负了巨额债务，负债累累。为了避免夫妻一方在另一方不知情的情况下欠下巨额债务，《民法典》规定了夫妻共债共签。但是，共债共签并非唯一标准。我国《民法典》第一千零六十四条第一款规定：“夫妻双方共同签名或者夫妻一方事后追认等共同意思表示所负的债务，以及夫妻一方在婚姻关系存续期间以个人名义为家庭日常生活需要所负的债务，属于夫妻共同债务。”

由此可见，确定夫妻共同债务的标准是：（1）夫妻双方共同签名的债务；（2）夫妻一方事后追认等共同意思表示所负的债务；（3）夫妻一方在婚姻关系存续期间以个人名义为家庭日常生活需要所负的债务。需要注意的是，夫妻一方以个人名义超出家庭日常生活所负的债务，不属于夫妻共同债务，但是，债权人能够证明的除外。

在本案中，陈某所欠的借款是为家庭日常生活需要所负的债务，如果可以证明没有超出家庭日常生活，则属于夫妻共同债务，李某要共同承担偿还责任。

法条链接

《中华人民共和国民法典》

第一千零六十四条 夫妻双方共同签名或者夫妻一方事后追认

等共同意思表示所负的债务，以及夫妻一方在婚姻关系存续期间以个人名义为家庭日常生活需要所负的债务，属于夫妻共同债务。

夫妻一方在婚姻关系存续期间以个人名义超出家庭日常生活需要所负的债务，不属于夫妻共同债务；但是，债权人能够证明该债务用于夫妻共同生活、共同生产经营或者基于夫妻双方共同意思表示的除外。

7.“离婚冷静期”是多少天?

情景再现

2019 年 4 月，朱女士和周先生在网上认识后奔现，线下交往了 3 个月后，两人就决定结婚。结婚之后，朱女士忙于工作，疏于对家庭的照顾，周先生渐生不满，两人经常争吵。2021 年 1 月，朱女士在外出差十几天，忘记了周先生的生日，周先生忍无可忍，认为朱女士心里已经没有了自己，两人已经没有了感情，就向朱女士提出了离婚。朱女士一气之下，答应了周先生。两人到民政局办手续时，被告知现在不能马上领到离婚证，有一个冷静期。那么，“离婚冷静期”是怎么回事？有多少天？

以案说法

我国《民法典》第一千零七十七条规定：“自婚姻登记机关收到离婚登记申请之日起三十日内，任何一方不愿意离婚的，可以向婚姻登记机关撤回离婚登记申请。前款规定期限届满后三十日内，双方应当亲自到婚姻登记机关申请发给离婚证；未申请的，视为撤回离婚登记申请。"这里面的三十天，就是我们俗称的"离婚冷静期"。具体而言，是指为了防止夫妻轻率离婚，夫妻向登记机关申请离婚时，不能马上拿到离婚证，需要再考虑三十天，如果三十天后夫妻还想离婚的，再向登记机构申请发放离婚证。

在上面的案例中，朱女士和周先生如果想通过登记离婚，需要在提交离婚申请三十天后再次向登记机关申请发放离婚证。

法条链接

《中华人民共和国民法典》

第一千零七十七条 自婚姻登记机关收到离婚登记申请之日起三十日内，任何一方不愿意离婚的，可以向婚姻登记机关撤回离婚登记申请。

前款规定期限届满后三十日内，双方应当亲自到婚姻登记机关申请发给离婚证；未申请的，视为撤回离婚登记申请。

8. 夫妻离婚时，一岁多的孩子归谁抚养?

情景再现

小黄和小钱是高中同学，大学毕业后，相恋多年的两人顺理成章地走入了婚姻的殿堂。结婚两年后，小黄生下了女儿。在女儿出生后，小黄不仅需要照顾女儿，还需要每天上班，而丈夫小钱回家后还是一副不管不顾的样子，也不做家务。小黄实在是受不了了，向法院起诉要求离婚，并且要求小钱抚养他们一岁多的女儿，让小钱感受一下抚养孩子的苦恼。那么，小黄的要求能得到法院的支持吗？

以案说法

我国《民法典》第一千零八十四条第三款明确规定："离婚后，不满两周岁的子女，以由母亲直接抚养为原则。已满两周岁的子女，父母双方对抚养问题协议不成的，由人民法院根据双方的具体情况，按照最有利于未成年子女的原则判决。子女已满八周岁的，应当尊重其真实意愿。"也就是说，如果孩子在父母离婚时还没有满两岁，应是交给母亲抚养的。

在本案中，小黄和小钱的女儿才一岁多，还没满两岁，没有其他特殊情况的，原则上法院会将女儿判给小黄抚养。

法条链接

《中华人民共和国民法典》

第一千零八十四条第三款　离婚后，不满两周岁的子女，以由母亲直接抚养为原则。已满两周岁的子女，父母双方对抚养问题协议不成的，由人民法院根据双方的具体情况，按照最有利于未成年子女的原则判决。子女已满八周岁的，应当尊重其真实意愿。

9. 成年子女可以不让父母离婚吗?

情景再现

成某与范某是夫妻，两人育有一个女儿。原来两人的夫妻感情非常好，这个三口之家生活非常幸福。但是，后来成某出轨，经常不回家。范某知道后非常伤心，向成某提出离婚。成某同意离婚。然而，女儿马上就要与男朋友结婚，为了不影响女儿的心情，两人准备在女儿举办完婚礼后再办理离婚手续。在女儿结婚之后，两人便向女儿说明要离婚的事情。但是女儿坚决不让父母离婚，并称如果他们离婚，自己则不再与他们有任何关系，以后也不会赡养他们。那么，成年子女是否可以干涉父母的婚姻自由，不让父母离婚？这种做法是否正确？

以案说法

成年子女不能干涉父母的婚姻，更不能不让父母离婚。在现实生活中，成年子女不让父母离婚或者阻止父母再婚的现象时有发生，而这种行为是违法的。对此，我国《民法典》第一千零六十九条明确规定，子女应当尊重父母的婚姻权利，不得干涉父母离婚、再婚以及婚后的生活。子女对父母的赡养义务，不因父母的婚姻关系变化而终止。据此可知，每个人都依法享有结婚自由和离婚自由的权利，子女应当尊重父母的婚姻权利，而不能强加干涉。

在本案中，成某与范某的女儿是不能干涉两人离婚的，即使他们离婚，他们的女儿仍然对他们负有法定的赡养义务。子女的赡养义务不会因为父母婚姻关系的变化而终止。所以，范某女儿的做法和说法都是错误的。

法条链接

《中华人民共和国民法典》

第一千零六十九条　子女应当尊重父母的婚姻权利，不得干涉父母离婚、再婚以及婚后的生活。子女对父母的赡养义务，不因父母的婚姻关系变化而终止。

10. 夫妻双方已经有一个孩子了，还能再收养孩子吗？

情景再现

时某与韩某是夫妻，两人在结婚后生育了一个儿子。后来，韩某觉得儿子一个人非常孤单，准备再生一个孩子。但由于韩某的身体不好，医生认为她不再适合生孩子。韩某非常难过。时某不忍心，便提出收养一个孩子。于是，时某便四处打听收养孩子的条件。时某听一个朋友说没有孩子的家庭才能收养孩子，他们应该不符合收养孩子的条件，可能也无法收养一个孩子。时某听后，准备找律师咨询一下。那么，夫妻双方已经有一个孩子了，是否还可以再收养孩子？

以案说法

夫妻双方已经有一个孩子的，还能再收养孩子。关于收养的条件，我国《民法典》第一千零九十八条明确规定，收养人应当同时具备下列条件：（1）无子女或者只有一名子女；（2）有抚养、教育和保护被收养人的能力；（3）未患有在医学上认为不应当收养子女的疾病；（4）无不利于被收养人健康成长的违法犯罪记录；（5）年满三十周岁。可见，夫妻双方只有一名子女的，如果符合其他条件，是可以再收养子女的。此外，根据该法第一千一百条的规定，无子女的收养人可以收养两名子女；有子女的收养人只能收养一名子女。收养孤儿、残疾未成年人或者儿童福利机构抚养的查找不到生父母的未成年人，可以不受前款和本法第一千零九十八条第一项规定的限制。

在本案中，时某与韩某只有一个孩子，如果他们符合收养的其他四个条件，是可以收养孩子的。

法条链接

《中华人民共和国民法典》

第一千零九十八条 收养人应当同时具备下列条件：

（一）无子女或者只有一名子女；

（二）有抚养、教育和保护被收养人的能力；

（三）未患有在医学上认为不应当收养子女的疾病；

（四）无不利于被收养人健康成长的违法犯罪记录；

（五）年满三十周岁。

第一千一百条　无子女的收养人可以收养两名子女；有子女的收养人只能收养一名子女。

收养孤儿、残疾未成年人或者儿童福利机构抚养的查找不到生父母的未成年人，可以不受前款和本法第一千零九十八条第一项规定的限制。

11. 女子收养男童，也像男子收养女童那样，要有年龄差距的限制吗？

情景再现

李某高中毕业后，便自己创业开了一家服装店。因经营得当，服装店的生意非常好，后李某又相继在其他商场开了几家分店。李某一心扑在事业上，一直没有找男朋友。之后，在朋友的介绍下，李某认识了柯某。两人在相识半年后便登记结婚。然而，婚后两人性格不合，最终离婚。离婚后，李某心灰意冷，打算不再结婚。为了避免自己老无所依，以及自己的事业能够有人继承，李某准备收养一个男孩。可是，李某听说收养男孩必须要有年龄的限制。那么，女子收养男童，是否也需要有年龄差距的限制？

以案说法

在现实生活中，选择独自生活或者离异的人越来越多，收养子女的现象也逐渐增多。为了保护未成年子女的合法权益，法律规定了无配偶者收养异性子女的年龄限制条件。我国《民法典》第一千一百零二条规定：“无配偶者收养异性子女的，收养人与被收养人的年龄应当相差四十周岁以上。”可见，无论是女性收养男童还是男性收养女童，收养人与被收养人的年龄必须相差四十周岁以上。否则，是不能收养子女的。

在上面的案例中，李某是单身，如果要收养男童，其与被收养的男童的年龄必须相差四十周岁以上。

法条链接

《中华人民共和国民法典》

第一千一百零二条 无配偶者收养异性子女的，收养人与被收养人的年龄应当相差四十周岁以上。

12. 生父母要求解除收养关系后，养父母可以要求补偿抚养费吗？

情景再现

小航和小莉是一对年轻的夫妻，在小航23岁那年，小莉难产生下了儿子小君。小莉的身体从产后一直不好，两人将所有的积蓄都用在了看病上，没有时间和精力抚养儿子。经过商量，小航和小莉将自己的孩子送给了没有孩子的表姐一家抚养，并办理了收养手续。2020年6月，小航的事业有所起色，小莉的身体也已经恢复，两人商量着还是想自己养孩子。和表姐商量后，表姐同意了，但是要求小航支付过去两年的抚养费用。在此种情况下，养父母可以请求补偿抚养费吗？

以案说法

我国《民法典》第一千一百一十八条第二款规定："生父母要求解除收养关系的，养父母可以要求生父母适当补偿收养期间支出的抚养费；但是，因养父母虐待、遗弃养子女而解除收养关系的除外。"据此可知，如果生父母要求解除收养关系，且不存在养父母虐待、遗弃养子女的情形，养父母是有权要求生父母补偿抚养费的。

在上面的案例中，小航和小莉将儿子小君送养两年后，想要回儿子。如果小君的养父母没有虐待、遗弃小君，小君的养父母可以要求小航和小莉补偿他们抚养小君的费用。

法条链接

《中华人民共和国民法典》

第一千一百一十八条第二款　生父母要求解除收养关系的，养父母可以要求生父母适当补偿收养期间支出的抚养费；但是，因养父母虐待、遗弃养子女而解除收养关系的除外。

第二章　继承法律知识

13. 胁迫老人订立遗嘱的人，后又对老人尽孝，还能继承遗产吗？

情景再现

小丁是丁爷爷唯一的儿子。大学毕业后，小丁一直无所事事，不想给别人打工，总想着自己创业赚钱，但又一直没有行动。小丁看丁爷爷名下还有几处房产，就想着靠爸爸的遗产作为自己创业的启动资金。今年，小丁经常回去看望丁爷爷，还欺骗丁爷爷自己会好好努力，会好好服侍丁爷爷，但是丁爷爷还是不为所动。小丁一时愤起，胁迫丁爷爷立下了一份自书遗嘱，将其名下的房子留给自己。拿到了遗嘱的小丁觉得已经没有了后患，就开始不管不顾了起来，丁爷爷进医院了也不去探望，丁爷爷很是伤心。小丁离家打拼了半年多，发现还是家人对自己好，幡然悔悟，就回到老家，在丁爷爷身边尽孝，顺便找了一份工作老老实实地赚钱。丁爷爷看到这样的小丁，觉得很是欣慰，又偷偷地立了一份遗嘱，将自己名下的所有财产留给了儿子。那么，胁迫老人订立遗嘱的人，后又对老人尽孝，其还能继承遗产吗？

以案说法

我国《民法典》为了保护被继承人的合法权益，规定本来具有继承资格的人如果犯有某些严重违反人伦道德的罪行，或有严重的不道德行为，将丧失作为继承人的资格，不再享有继承遗产的权利。根据该法第一千一百二十五条的规定，继承人有以下行为的，将丧失继承权：（1）故意杀害被继承人；（2）为争夺遗产而杀害其他继承人；（3）遗弃被继承人，或者虐待被继承人情节严重；（4）伪造、篡改、隐匿或者销毁遗嘱，情节严重；（5）以欺诈、胁迫手段迫使或者妨碍被继承人设立、变更或者撤回遗嘱，情节严重。同时，该规定还为丧失继承权的继承人留有一丝余地，如果继承人实施的是第三项至第五项行为，确有悔改表现，被继承人表示宽恕或者事后在遗嘱中将其列为继承人的，该继承人不丧失继承权，仍然可以按照规定继承遗产。

在上面的案例中，小丁胁迫丁爷爷立下遗嘱，情节较为严重，已经丧失了继承权。但是小丁后面幡然悔悟，丁爷爷也在遗嘱中将其列为唯一的继承人，用行为表示宽恕，所以，小丁将不会丧失继承权，其可以继承丁爷爷的遗产。

法条链接

《中华人民共和国民法典》

第一千一百二十五条第一款　继承人有下列行为之一的，丧失继承权：

（一）故意杀害被继承人；

（二）为争夺遗产而杀害其他继承人；

（三）遗弃被继承人，或者虐待被继承人情节严重；

（四）伪造、篡改、隐匿或者销毁遗嘱，情节严重；

（五）以欺诈、胁迫手段迫使或者妨碍被继承人设立、变更或者撤回遗嘱，情节严重。

第二款 继承人有前款第三项至第五项行为，确有悔改表现，被继承人表示宽恕或者事后在遗嘱中将其列为继承人的，该继承人不丧失继承权。

14. 侄子可以继承大伯的遗产吗？

情景再现

小周的大伯周老先生中年丧妻，60 岁那年儿子也出车祸死亡了，小周的父亲是周老先生唯一的亲人了。2016 年，在小周的父亲去世后，小周看到周老先生无人照料，想到自己没有了父亲，就经常去周老先生家帮忙做家务，照顾周老先生的饮食起居，想让大伯的晚年过得舒适一点。2021 年 2 月，小周的大伯去世了，留下了一套房产，无人继承。小周想知道，自己是大伯唯一的亲人，可以继承大伯的这套房子吗？

以案说法

根据我国《民法典》第一千一百二十七条的规定，遗产按照下列顺序继承：（1）第一顺序：配偶、子女、父母；（2）第二顺序：兄弟姐妹、祖父母、外祖父母。继承开始后，由第一顺序继承人继承，第二顺序继承人不继承；没有第一顺序继承人继承的，由第二顺序继承人继承。根据该法第一千一百二十八条的规定，被继承人的子女先于被继承人死亡的，由被继承人的子女的直系晚辈血亲代位继承。被继承人的兄弟姐妹先于被继承人死亡的，由被继承人的兄弟姐妹的子女代位继承。也就是说，遗产应当按照一定的顺序继承，在被继承人没有子女、配偶、父母或者以上继承人放弃继承的情况下，才会由第二顺序的被继承人的兄弟姐妹、祖父母、外祖父母继承遗产。同时，如果被继承人的兄弟姐妹先于被继承人死亡的，由被继承人的兄弟姐妹的子女代位继承。

在上面的案例中，周老先生妻子、儿子均已死亡，只有弟弟一个继承人，在弟弟先于自己死亡的情况下，弟弟的儿子小周可以代位继承周老先生的遗产。也就是说，小周可以继承周老先生的房产。

法条链接

《中华人民共和国民法典》

第一千一百二十七条　遗产按照下列顺序继承：

（一）第一顺序：配偶、子女、父母；

（二）第二顺序：兄弟姐妹、祖父母、外祖父母。

继承开始后，由第一顺序继承人继承，第二顺序继承人不继承；没有第一顺序继承人继承的，由第二顺序继承人继承。

本编所称子女，包括婚生子女、非婚生子女、养子女和有扶养关系的继子女。

本编所称父母，包括生父母、养父母和有扶养关系的继父母。

本编所称兄弟姐妹，包括同父母的兄弟姐妹、同父异母或者同母异父的兄弟姐妹、养兄弟姐妹、有扶养关系的继兄弟姐妹。

第一千一百二十八条 被继承人的子女先于被继承人死亡的，由被继承人的子女的直系晚辈血亲代位继承。

被继承人的兄弟姐妹先于被继承人死亡的，由被继承人的兄弟姐妹的子女代位继承。

代位继承人一般只能继承被代位继承人有权继承的遗产份额。

15. 儿女不孝，老人可以立遗嘱把自己的房子赠与国家吗?

情景再现

李奶奶年轻的时候是一名老师，天天忙于工作，疏于对儿子的管教，导致自己和儿子的感情不深。儿子结婚后，因为婆媳矛盾，两人的感情更是一落千丈。2017 年 5 月，李奶奶的老伴张爷爷去世后，李奶奶的身体和精神状况越来越差，就想和儿子一起生活，即便不住在一起，也可以经常来看看自己，照料一下自己的生活。为此，李奶奶经常主动给儿子打电话，希望儿子常回家看看。开始的时候，李奶奶的儿子还接电话，但也经常搪塞过去，偶尔才回家。后来，儿子就直接不接电话，即使是过年也不回家看看，反倒是社区的那些职工看李奶奶孤身一人，经常上门探望。李奶奶很伤心，觉得儿子不孝，就想把自己的房子通过立遗嘱的方式赠与国家，不给儿子继承。这样可行吗？

以案说法

我国《民法典》第一千一百三十三条第三款规定：“自然人可以立遗嘱将个人财产赠与国家、集体或者法定继承人以外的组织、个人。”法律充分尊重我们的行为自由。作为公民，我们可以按照自己的意愿处分自己的财产，如果不想将财产留给法定继承人，可以通过立遗嘱的方式将财产赠与国家、集体或者法定继承人以外的组织、个人。

在上面的案例中，李奶奶如果认为儿子不孝，不想将自己的财产留给儿子，其可以立遗嘱将财产赠与国家。但是，李奶奶应当注意，她所立的遗嘱形式上应当符合法律的规定，否则，遗嘱将不能发挥其应有的效力。

法条链接

《中华人民共和国民法典》

第一千一百三十三条第三款　自然人可以立遗嘱将个人财产赠与国家、集体或者法定继承人以外的组织、个人。

16. 遗嘱信托是怎么回事？

情景再现

赵爷爷是一家上市公司的董事长，今年七十岁的他，身体还算硬朗。赵爷爷结过两次婚，有两个儿子、一个女儿，儿女们的关系并不融洽。赵爷爷担心自己走后，儿女们因为争着要自己的遗产而惹出风波，还怕儿女们不懂金融，拿着自己的钱胡乱投资，败坏家业，一时忧心忡忡。在一次和老友的闲聊中，赵爷爷知道有遗嘱信托这种制度存在，可以解决自己的烦恼。那么，遗嘱信托是怎么回事呢？

以案说法

所谓的遗嘱信托，就是指委托人通过立遗嘱，将自己的财产交付信托机构处理，信托机构根据委托人的意愿，为照顾特定的受益人而进行财产规划，管理和处分信托财产。通过遗嘱信托，不仅可以将财产留给继承人，通过遗嘱执行人的理财能力弥补继承人无力理财的缺陷，还可以减少因遗产产生的纷争。我国《民法典》第一千一百三十三条第四款也明确规定：“自然人可以依法设立遗嘱信托。”

在上面的案例中，为了避免在自己去世后，自己的儿女因为遗产产生纷争，赵爷爷可以通过遗嘱信托的形式，选择行业声誉较好的信托机构，在自己去世后，将财产交由机构处理，这样也可以使儿女们将来的生活更有保障。

法条链接

《中华人民共和国民法典》

第一千一百三十三条第四款 自然人可以依法设立遗嘱信托。

17. 以“打印”形式立遗嘱的，应该怎样做？

情景再现

蒋奶奶今年84岁，之前身体一直很硬朗。2020年8月16日，蒋奶奶下楼时一个不注意，摔倒在地，直接导致手臂骨折。虽然蒋奶奶被及时送往了医院，但是毕竟年纪在那，蒋奶奶的身体恢复得很慢。在医院治疗的时候，蒋奶奶看着身边来来往往的病人，突然意识到自己有一天也可能这样突然去世，就想立遗嘱分配自己的财产。但是，蒋奶奶的手臂骨折了，不能自己写遗嘱。蒋奶奶听说现在可以直接通过打印的形式订立遗嘱了，想知道具体应该怎么做遗嘱才有效力。

以案说法

根据我国《民法典》第一千一百三十三条的规定，我们可以通过立遗嘱处分个人财产。如果需要通过打印形式订立遗嘱的，根据《民法典》第一千一百三十六条的规定，需要有两个以上的见证人在场，同时，见证人和立遗嘱人应当在遗嘱的每一页上签名，并注明年、月、日。

在上面的案例中，如果蒋奶奶希望通过打印的方式订立遗嘱，不仅需要找到两个见证人在场见证，在遗嘱打印完成后，见证人和她自己还需要在遗嘱的每一页上签字，注明日期，这份打印的遗嘱才具有效力。

法条链接

《中华人民共和国民法典》

第一千一百三十三条 自然人可以依照本法规定立遗嘱处分个人财产，并可以指定遗嘱执行人。

自然人可以立遗嘱将个人财产指定由法定继承人中的一人或者数人继承。

自然人可以立遗嘱将个人财产赠与国家、集体或者法定继承人以外的组织、个人。

自然人可以依法设立遗嘱信托。

第一千一百三十六条 打印遗嘱应当有两个以上见证人在场见证。遗嘱人和见证人应当在遗嘱每一页签名，注明年、月、日。

18. 录视频立遗嘱的，应该怎样做？

情景再现

周大叔年轻的时候敢想敢冲，挣下了一份家业。可惜的是，年轻时的他光顾在外打拼，没有花太多精力在家庭中，一直是妻子在背后操持着家里的大小事情。两年前，妻子去世后，儿子出国留学，在美国定居了。周大叔身边也没有其他亲人了，邻居李先生知道周大叔独自一人生活，就经常帮助周大叔。周大叔心里十分感谢这个年轻小伙子的帮助，想着儿子也不会回国内居住了，想把自己现在住的这套房子赠送给李先生。周大叔听朋友说可以直接通过录视频的方式订立遗嘱，那么，具体应该怎么操作呢？

以案说法

随着我国经济的快速发展，人们的生活方式也在不断变化，我国《民法典》也紧跟时代的步伐，在继承编中规定了可以通过录音录像的方式订立遗嘱。同时，录音录像的遗嘱也应当符合法定的形式。《民法典》第一千一百三十七条明确规定："以录音录像形式立的遗嘱，应当有两个以上见证人在场见证。遗嘱人和见证人应当在录音录像中记录其姓名或者肖像，以及年、月、日。"

在上面的案例中，如果周大叔希望通过录像的方式订立遗嘱，将房子留给邻居李先生，需要找到至少两个见证人。同时，在录音录像中，还应当记录周大叔和见证人的姓名或者肖像和日期，这样，这份录像遗嘱才具有法律效力。

法条链接

《中华人民共和国民法典》

第一千一百三十七条　以录音录像形式立的遗嘱，应当有两个以上见证人在场见证。遗嘱人和见证人应当在录音录像中记录其姓名或者肖像，以及年、月、日。

19. 哪些人不能成为遗嘱见证人?

情景再现

杨女士今年刚满五十，年轻的时候，杨女士奉行不婚主义，一直没结婚，只顾打拼事业。随着年龄的增长，杨女士开始考虑自己的养老问题，没有丈夫也没有子女的她和自己的侄女商量，在自己没有独立生活能力后，和侄女一起生活，由侄女照顾自己的饮食起居，自己去世后就由侄女继承自己的遗产。为此，杨女士想专门订立一份遗嘱安侄女的心，还邀请侄女作为见证人。某天，杨女士在和律师朋友聊天时，聊起了自己的养老问题，谈到这份遗嘱，律师朋友提醒杨女士，她侄女不能作为见证人，这份遗嘱可能无效，建议杨女士重新订立一份遗嘱。那么，哪些人不能成为遗嘱见证人呢?

以案说法

为了让遗嘱更具有信服力，避免被继承人死亡后出现纠纷，我国《民法典》第一千一百四十条禁止特定的人员作为遗嘱的见证人，主要是：（1）无民事行为能力人、限制民事行为能力人以及其他不具有见证能力的人；（2）继承人、受遗赠人；（3）与继承人、受遗赠人有利害关系的人。

在上面的案例中，杨女士邀请自己的侄女作为见证人，本意是好的，但是我国法律禁止继承人和受遗赠人成为遗嘱的见证人，其侄女是杨女士的继承人，不能作为见证人参与遗嘱的订立过程。杨女士需要重新确定见证人，重新订立一份遗嘱。

法条链接

《中华人民共和国民法典》

第一千一百四十条　下列人员不能作为遗嘱见证人：

（一）无民事行为能力人、限制民事行为能力人以及其他不具有见证能力的人；

（二）继承人、受遗赠人；

（三）与继承人、受遗赠人有利害关系的人。

20. 老人将房屋的归属立遗嘱后，又将房屋卖掉了，那么遗嘱还有效吗？

情景再现

吴奶奶八十多岁了，已经和老伴江爷爷结婚56年了。到了这个年纪，吴奶奶担心自己随时可能离世，早在两年前就订立了遗嘱，将自己名下的一套房产和珠宝首饰留给自己的女儿。2020年2月，江爷爷检查出患有癌症，女儿觉得爸爸年事已高，治疗不仅花钱，还可能让爸爸更加痛苦，不支持爸爸在医院继续治疗。但是，吴奶奶不想看到自己的老伴这样离世，就把自己名下的留给女儿的那套房子卖了，拿卖房子的钱给江爷爷治病。6个月过去了，江爷爷还是去世了，伤心过度的吴奶奶在江爷爷去世后的两个月后也离世了。那么，吴奶奶订立的遗嘱还有效吗？

以案说法

在现实生活中，老人们虽然通过立遗嘱的方式对自己生后的财产进行了处分，但是在生前还是可能发生很多事情，导致遗嘱中涉及的遗产发生变动。根据我国《民法典》第一千一百四十二条第一款、第二款的规定：“遗嘱人可以撤回、变更自己所立的遗嘱。立遗嘱后，遗嘱人实施与遗嘱内容相反的民事法律行为的，视为对遗嘱相关内容的撤回。”也就是说，如果老人们在订立遗嘱后实施了与遗嘱内容相反的行为，就相当于老人撤回了遗嘱的该内容。

在上面的案例中，吴奶奶虽然之前订立遗嘱将房子留给女儿，但是后面因为给自己的老伴治病将房子卖了，视为对遗嘱中房子的那部分内容的撤回，遗嘱的其他部分还是具有法律效力的。

法条链接

《中华人民共和国民法典》

第一千一百四十二条第一款 遗嘱人可以撤回、变更自己所立的遗嘱。

第二款 立遗嘱后，遗嘱人实施与遗嘱内容相反的民事法律行为的，视为对遗嘱相关内容的撤回。

21. 遗产管理人如何产生？

情景再现

郭先生今年才30岁，无父无母的他专注于工作，希望通过自己的努力凑够房子首付后，再交女朋友，建立一个温馨的小家庭。但是，天有不测风云，去年9月，郭先生遭遇交通事故离世了。郭先生生前没有其他亲人，但是还留有财产，因为想要买房也找朋友借了不少钱，生前的债权、债务需要人来清理。郭先生的朋友听说《民法典》专门规定由遗产管理人处理这方面的事情，那么，遗产管理人是如何产生的呢？

以案说法

我国《民法典》在编纂过程中，新引入“遗产管理人”，由遗产管理人负责在继承开始后清理遗产、处理债权债务、分配遗产。《民法典》第一千一百四十五条规定：“继承开始后，遗嘱执行人为遗产管理人；没有遗嘱执行人的，继承人应当及时推选遗产管理人；继承人未推选的，由继承人共同担任遗产管理人；没有继承人或者继承人均放弃继承的，由被继承人生前住所地的民政部门或者村民委员会担任遗产管理人。”同时，该法第一千一百四十六条规定：“对遗产管理人的确定有争议的，利害关系人可以向人民法院申请指定遗产管理人。”简而言之，一般情况下，遗产管理人是遗嘱执行人或者由继承人推选产生的人，没有继承人的，由民政部门或者村委会担任，如果被继承人的债权人或者继承人有异议的，可以向法院申请指定遗产管理人。

在上面的案例中，郭先生没有继承人，应当由其生前所在地的民政部门或者村民委员会担任遗产管理人。

法条链接

《中华人民共和国民法典》

第一千一百四十五条 继承开始后，遗嘱执行人为遗产管理人；没有遗嘱执行人的，继承人应当及时推选遗产管理人；继承人未推选的，由继承人共同担任遗产管理人；没有继承人或者继承人均放弃继承的，由被继承人生前住所地的民政部门或者村民委员会担任遗产管理人。

第一千一百四十六条 对遗产管理人的确定有争议的，利害关系人可以向人民法院申请指定遗产管理人。

22. 遗产管理人应该履行哪些职责?

情景再现

2020 年 8 月 7 日，小谷的父亲因病去世，去世前，一直是小谷在照顾父亲的生活。小谷通知自己在外打拼的姐姐和弟弟回家奔丧。在筹办丧礼的过程中，做律师的弟弟提出，父亲去世了，需要由遗产管理人清理遗产，处理父亲生前的债权债务，但是自己和姐姐没有在父亲身边，不了解父亲平时的财产情况，建议推选小谷作为遗产管理人，负责处理这些事情，自己也愿意给酬劳。小谷的姐姐也欣然同意。小谷觉得有些为难，遗产管理人应该做哪些事情？自己能够胜任吗？

以案说法

根据我国《民法典》第一千一百四十七条的规定，遗产管理人需要履行以下职责：（1）清理遗产并制作遗产清单；（2）向继承人报告遗产情况；（3）采取必要措施防止遗产毁损、灭失；（4）处理被继承人的债权债务；（5）按照遗嘱或者依照法律规定分割遗产；（6）实施与管理遗产有关的其他必要行为。同时，作为遗产管理人，根据《民法典》第一千一百四十九条的规定，其还可以依照法律规定或者按照约定获得报酬。但是，如果遗产管理人故意或者重大过失造成他人损害的，需要承担损害赔偿责任。

在上面的案例中，小谷的姐姐和弟弟推选小谷作为遗产管理人，小谷就应该积极履行职责，处理好父亲去世的后续事宜，避免之后发生纠纷，小谷也能因此获取一部分报酬。但是，在履职过程中，小谷应当尽量周全地考虑事情，否则，造成其他继承人、受遗赠人、债权人损害，可能要承担相应的民事责任。

法条链接

《中华人民共和国民法典》

第一千一百四十七条　遗产管理人应当履行下列职责：

（一）清理遗产并制作遗产清单；

（二）向继承人报告遗产情况；

（三）采取必要措施防止遗产毁损、灭失；

（四）处理被继承人的债权债务；

（五）按照遗嘱或者依照法律规定分割遗产；

（六）实施与管理遗产有关的其他必要行为。

第一千一百四十八条 遗产管理人应当依法履行职责，因故意或者重大过失造成继承人、受遗赠人、债权人损害的，应当承担民事责任。

第一千一百四十九条 遗产管理人可以依照法律规定或者按照约定获得报酬。

第三章　侵权责任法律知识

23. 被侵权人对侵权损害结果扩大有过错的，侵权人是否要承担责任？

情景再现

范某与程某是同事，一次，两人因竞争公司部门经理的职位而发生争执。范某认为程某是用不正当手段才成为公司部门经理的，于是决定报复程某。在某天下班后，范某带着自己的两个朋友找到程某，对程某进行殴打，致其受伤。之后，程某报警，被送往医院就医。经诊断，程某左胳膊骨折，医生建议住院治疗。但是，程某称自己还有很多工作，不能耽误时间。后来，程某因没有按照医生的建议住院，导致其受伤情况严重，医生称程某的胳膊很可能会留下后遗症。为此，程某要求范某承担侵权损害赔偿责任。范某认为自己虽然打了程某，但程某受伤情况加重是自己导致的，对于加重的部分，自己无须承担责任。那么，对于程某加重的损害，范某是否需要承担侵权责任？

以案说法

对于程某加重的损害部分，可以减轻范某的侵权责任。我国《民法典》第一千一百七十三条明确规定：“被侵权人对同一损害的发生或者扩大有过错的，可以减轻侵权人的责任。”也就是说，在损害发生之后，被侵权人自己也有义务避免损害扩大。这是因为在现实生活中，被侵权人在受到损害之后，对自己的损害不管不顾或者不听医嘱，导致损害扩大。在此种情况下，被侵权人存在过错，对于扩大的损害，再让侵权人为此承担责任是不公平的。因此，法律规定在此时应减轻侵权人的责任。

在上面的案例中，范某将程某打伤，程某在受伤之后，没有听从医嘱住院治疗，导致自己的病情加重，对于其因自己的过错而导致的损害扩大部分，可以减轻程某的侵权责任。

法条链接

《中华人民共和国民法典》

第一千一百七十三条 被侵权人对同一损害的发生或者扩大有过错的，可以减轻侵权人的责任。

24. 因打篮球而被同学弄伤的，其他同学是否要承担侵权责任？

情景再现

韩某是某大学一年级的学生，因非常喜欢打篮球，就加入了学校的篮球队。一次，韩某所在球队代表学校参加该大学与其他大学的篮球比赛。在比赛过程中，韩某被对方的一位队员沈某绊倒，导致脚踝受伤，韩某被紧急送往医院。经过诊断，韩某脚踝骨折，需要住院治疗。为此，韩某花了近1万元医药费。在康复之后，韩某要求沈某及其所在篮球队的其他队员承担损害赔偿责任。但是，其他队员认为，韩某受伤是沈某故意导致的，与他们无关，他们无须承担侵权责任。那么，韩某是否可以要求沈某以外的其他队员承担侵权责任?

以案说法

现实生活中，随着人们参加的文体活动不断增加，参加者在文体活动中受伤的情况也时有发生。在发生侵权纠纷后，侵权人与被侵权人之间可能为责任的承担而发生争议。在此种情况下，对于侵权责任的承担主体，根据我国《民法典》第一千一百七十六条的规定，自愿参加具有一定风险的文体活动，因其他参加者的行为受到损害的，受害人不得请求其他参加者承担侵权责任；但是，其他参加者对损害的发生有故意或者重大过失的除外。对于组织者，如果未尽到安全保障义务，应当承担相应的补充责任。

在上面的案例中，篮球比赛存在着可能受伤的风险，韩某是自愿参加学校的篮球比赛，在比赛过程中，韩某被对方选手故意绊倒受伤。因此，沈某作为侵权人应当承担侵权损害赔偿责任，支付韩某医疗费，而沈某所在的篮球队的其他队员对于韩某损害的发生并没有故意或者重大过失，因此，除沈某之外的其他队员是无须承担侵权责任的。

法条链接

《中华人民共和国民法典》

第一千一百七十六条 自愿参加具有一定风险的文体活动，因其他参加者的行为受到损害的，受害人不得请求其他参加者承担侵权责任；但是，其他参加者对损害的发生有故意或者重大过失的除外。

活动组织者的责任适用本法第一千一百九十八条至第一千二百零一条的规定。

第一千一百九十八条第二款 因第三人的行为造成他人损害的，由第三人承担侵权责任；经营者、管理者或者组织者未尽到安全保障义务的，承担相应的补充责任。经营者、管理者或者组织者承担补充责任后，可以向第三人追偿。

25. 施工单位在施工过程中挖毁祖坟，导致遗骸消失的，被侵权人是否可以请求精神损害赔偿？

情景再现

2020年10月，某医院准备进行扩建，以扩大医院的规模。在施工之前，该医院通过相关部门发出公告，要求位于该地附近的坟墓在2020年10月31日之前迁走。在期限截止之后，该医院准备对无主坟墓中的遗骸统一进行安葬。当时，因徐某一家人都在外地，徐某没有及时将其父亲的坟墓迁走。在施工时，施工方本应该使用人工进行挖掘，但为了尽快完工，却使用挖掘机挖掘，导致徐某父亲的遗骸消失。后来，徐某发现父亲的坟墓被挖，并且遗骸消失。徐某非常难过，后悔不已。经过了解，徐某得知是施工单位采用野蛮的方式挖掘坟墓才导致父亲的遗骸消失。为此，徐某准备向法院起诉，要求某医院赔偿自己精神损害赔偿金。那么，徐某是否可以请求精神损害赔偿？

以案说法

徐某可以请求精神损害赔偿。我国《民法典》第一千一百八十三条第二款规定："因故意或者重大过失侵害自然人具有人身意义的特定物造成严重精神损害的，被侵权人有权请求精神损害赔偿。"据此可知，对侵害对于自然人有人身意义的特定物的行为请求精神损害赔偿需要符合下列条件：（1）因侵权人故意或者重大过失导致；（2）给被侵权人造成严重精神损害。

在本案中，徐某父亲的遗骸对徐某而言是具有人身意义的特定物，施工单位在挖掘坟墓的过程中，应该人工挖掘，然而却使用了挖掘机，导致徐某父亲的遗骸消失，存在重大过失，这给徐某造成了严重的精神损害。所以，徐某可以向法院提起诉讼，请求施工单位承担精神损害赔偿责任。

法条链接

《中华人民共和国民法典》

第一千一百八十三条 侵害自然人人身权益造成严重精神损害的，被侵权人有权请求精神损害赔偿。

因故意或者重大过失侵害自然人具有人身意义的特定物造成严重精神损害的，被侵权人有权请求精神损害赔偿。

26. 网络用户实施侵权行为的，权利人要求其删除相关链接时应提供哪些信息？

情景再现

张某非常喜欢网上购物，后来，自己在某网络平台上开了一个网店，主要销售国外一些品牌的化妆品。因张某经验丰富，照相技术也非常好，所以，其经常自己制作一些新颖的图片来宣传产品，吸引了很多顾客。某天，张某在浏览网页时，发现某网店使用的图片与自己制作的某品牌洗面奶的广告图片非常相似，认为该网店侵犯了自己的合法权益，这会让很多顾客误以为该网店是自己的网店。于是，张某准备要求该网店删除相关图片。此时，张某的朋友告诉他，如果要求网店删除图片必须要提供相应的信息，而且一旦错误通知，还可能会承担法律责任。那么，网络用户实施侵权行为的，权利人要求其删除相关链接时应提供哪些信息？权利人因错误通知造成损害的，是否承担责任？

以案说法

根据《民法典》第一千一百九十五条的规定，网络用户利用网络服务实施侵权行为的，权利人有权通知网络服务提供者采取删除、屏蔽、断开链接等必要措施。通知时，权利人应当提供构成侵权的初步证据及权利人的真实身份信息。网络服务提供者接到通知后，应当及时与相关网络用户取得联系，并采取必要措施；如未及时采取必要措施，对损害的扩大部分与该网络用户承担连带责任。不过，权利人在通知之前，应当确认好侵权的信息，否则，一旦错误通知给网络用户或者网络服务提供者造成损害的，要承担侵权责任。

在上面的案例中，张某有权要求某网站删除相关图片，其在发出通知时应提供下列材料：（1）自己的真实身份信息；（2）某网店侵权的初步证据，如自己网站的图片、对方网店侵权的图片等。此外，张某在发出通知前，应当仔细审核以确认某网店确实属于侵权，避免因错误通知导致自己承担侵权责任。

法条链接

《中华人民共和国民法典》

第一千一百九十五条　网络用户利用网络服务实施侵权行为的，权利人有权通知网络服务提供者采取删除、屏蔽、断开链接等必要措施。通知应当包括构成侵权的初步证据及权利人的真实身份信息。

网络服务提供者接到通知后，应当及时将该通知转送相关网络用户，并根据构成侵权的初步证据和服务类型采取必要措施；未及时采取必要措施的，对损害的扩大部分与该网络用户承担连带责任。

权利人因错误通知造成网络用户或者网络服务提供者损害的，应当承担侵权责任。法律另有规定的，依照其规定。

27. 网络用户收到转送通知后，如果不存在侵权行为的，应该怎么办?

情景再现

覃某是一位服装设计师，原来在某商场开服装店，销售自己设计的衣服。后来因生意不好，为了增加销售量又在网上开了一个店。覃某设计的衣服样式多，受到很多顾客的喜爱。一天，覃某接到其网店所在的网络服务平台的通知，称其所销售的衣服侵犯了某知名品牌的合法权益。经过了解、对比，覃某发现自己所销售的衣服与某知名品牌衣服的样式并不一样，而且自己有衣服的设计原稿作为证明。于是，覃某便向网络服务平台说明了相关情况。那么，网络用户收到转送通知后，如果不存在侵权行为的，应该怎么办?

以案说法

我国《民法典》第一千一百九十六条第一款规定：“网络用户接到转送的通知后，可以向网络服务提供者提交不存在侵权行为的声明。声明应当包括不存在侵权行为的初步证据及网络用户的真实身份信息。”此外，该条第二款规定：“网络服务提供者接到声明后，应当将该声明转送发出通知的权利人，并告知其可以向有关部门投诉或者向人民法院提起诉讼。网络服务提供者在转送声明到达权利人后的合理期限内，未收到权利人已经投诉或者提起诉讼通知的，应当及时终止所采取的措施。”

本案中，覃某在收到网络服务平台转送的侵权通知后，其可以向网络服务平台提交不存在侵权行为的声明，声明应当包括：（1）不存在侵权行为的初步证据，如自己的服装设计原稿等；（2）自己的真实身份信息。网络服务提供者在接到声明后应告知权利人，如果权利人未在合理期限内采取相关措施的，要终止其采取的措施。

法条链接

《中华人民共和国民法典》

第一千一百九十六条　网络用户接到转送的通知后，可以向网络服务提供者提交不存在侵权行为的声明。声明应当包括不存在侵权行为的初步证据及网络用户的真实身份信息。

网络服务提供者接到声明后，应当将该声明转送发出通知的权利人，并告知其可以向有关部门投诉或者向人民法院提起诉讼。网络服务提供者在转送声明到达权利人后的合理期限内，未收到权利人已经投诉或者提起诉讼通知的，应当及时终止所采取的措施。

28. 让他人免费搭乘自己的车，发生事故致使搭车人受伤的，车主需要赔偿吗？

情景再现

任某是某公司员工。一天，他在开车上班的路上，经过小区的公交站时，看到同小区的吴某正在等公交车，便上前询问吴某的去处，结果两人正好顺路，于是任某便让吴某免费搭乘自己的车。然而，在车辆经过一个路口时，由于任某车速过快，未能及时刹车而与前车追尾，吴某的头被磕伤，任某及时将吴某送到了医院。对于此次事故，交警认定任某承担主要责任。吴某治愈出院后，其家人要求任某赔偿医疗费。但是，任某认为自己是免费让人搭车，没有赔偿义务。那么，让他人免费搭乘自己的车，发生事故致使搭车人受伤的，需要赔偿吗？

以案说法

任某需要承担赔偿责任，但是应当减轻其赔偿责任。对此，根据我国《民法典》第一千二百一十七条的规定，非运营机动车发生交通事故，如果造成无偿搭乘人受到损害的，并且在交通事故中属于该机动车一方承担责任的，除机动车使用人有故意或者重大过失外，应当减轻侵权人的责任。据此可知，在符合下列条件时，交通事故中的侵权责任人责任应当减轻：（1）非营运机动车发生交通事故；（2）受伤的搭乘人是免费搭乘车辆；（3）被搭乘的机动车一方承担责任；（4）机动车使用人没有存在故意或重大过失的情形。

在上面的案例中，任某的车辆属于非营运机动车，且在交通事故中承担主要责任，虽然吴某是无偿搭乘人，但是其在此次交通事故中受伤，任某存在一定的过错，也要承担一定的赔偿责任，但是，这并不属于故意或重大过失，其责任应当减轻。

法条链接

《中华人民共和国民法典》

第一千二百一十七条 非营运机动车发生交通事故造成无偿搭乘人损害，属于该机动车一方责任的，应当减轻其赔偿责任，但是机动车使用人有故意或者重大过失的除外。

29. 环境污染公益诉讼的赔偿范围有哪些?

情景再现

2018年，某村新建了一个化工厂。该化工厂自建成之后，就经常乱排废水废气，导致该村环境受到严重污染。每到傍晚，附近的村民就会闻到一股怪味，尤其是夏天，气味更是浓重，村民们都不敢开窗户，而且有的村民甚至莫名其妙地患上了呼吸道疾病。为此，村民们多次向村委会反映，要求化工厂搬出去，但一直都未得到回应。2021年3月以来，居住在该化工厂附近的几名村民先后被查出患有肺癌。为了保障村子的环境与村民的健康，该村的村民向某公益组织进行反映，该公益组织准备向法院提起公益诉讼，要求化工厂承担损害赔偿责任。在该公益组织向法院提交了起诉状之后，法院受理了此案。那么，环境污染公益诉讼的赔偿范围有哪些？

以案说法

在现代社会，有的企业为了追求经济利益，不惜以污染环境为代价，损害了生态环境。对于违反国家规定造成生态环境损害的，我国《民法典》第一千二百三十五条规定，国家规定的机关或者法律规定的组织有权请求侵权人赔偿下列损失和费用：（1）生态环境受到损害至修复完成期间服务功能丧失导致的损失；（2）生态环境功能永久性损害造成的损失；（3）生态环境损害调查、鉴定评估等费用；（4）清除污染、修复生态环境费用；（5）防止损害的发生和扩大所支出的合理费用。

在本案中，某化工厂违反规定排放废水废气，导致某村村民健康受到损害，在某公益组织提起诉讼后，有权请求化工厂承担上述法律规定的损失及相关费用。

法条链接

《中华人民共和国民法典》

第一千二百三十五条 违反国家规定造成生态环境损害的，国家规定的机关或者法律规定的组织有权请求侵权人赔偿下列损失和费用：

（一）生态环境受到损害至修复完成期间服务功能丧失导致的损失；

（二）生态环境功能永久性损害造成的损失；

（三）生态环境损害调查、鉴定评估等费用；

（四）清除污染、修复生态环境费用；

（五）防止损害的发生和扩大所支出的合理费用。

30. 高空抛物砸伤人，谁来赔偿?

情景再现

2020 年 6 月，赵某与公司的几位同事在某小区附近的烧烤摊吃烧烤。赵某等人正吃得尽兴，却不料一个啤酒瓶从该小区的某栋楼上掉下来，将赵某的头部砸伤。事故发生后，赵某被送往医院。后来，赵某找到该小区的物业公司，要求该小区查明相关责任人。但是，该小区物业无法查明该酒瓶到底是从何处扔下来的。为此，赵某称如果无法查找到责任人，物业就要负担自己的医药费。但是，该小区物业认为其已经采取了必要的安全保障措施，没有义务承担侵权责任。那么，高空抛物给他人造成损害的，应当由谁承担侵权损害赔偿责任?

以案说法

高空抛物是我国法律所明确禁止的。高空抛物案件在有些情况下，确实无法确定具体的侵权人。对此，我国《民法典》第一千二百五十四条规定：“禁止从建筑物中抛掷物品。从建筑物中抛掷物品或者从建筑物上坠落的物品造成他人损害的，由侵权人依法承担侵权责任；经调查难以确定具体侵权人的，除能够证明自己不是侵权人的外，由可能加害的建筑物使用人给予补偿。可能加害的建筑物使用人补偿后，有权向侵权人追偿。物业服务企业等建筑物管理人应当采取必要的安全保障措施防止前款规定情形的发生；未采取必要的安全保障措施的，应当依法承担未履行安全保障义务的侵权责任。发生本条第一款规定的情形的，公安等机关应当依法及时调查，查清责任人。”

在本案中，赵某被高空抛下的啤酒瓶砸伤，因物业公司无法确定具体的侵权人，赵某可以请求公安机关查明具体的侵权人。如果无法查明具体侵权人，原则上由可能加害的该小区某栋楼的使用人给予补偿，但是能够证明自己不是侵权人的除外。此外，在上述案例中，如果物业尽到了安全保障义务，则无须承担责任。

法条链接

《中华人民共和国民法典》

第一千二百五十四条 禁止从建筑物中抛掷物品。从建筑物中抛掷物品或者从建筑物上坠落的物品造成他人损害的，由侵权人依法承担侵权责任；经调查难以确定具体侵权人的，除能够证明自己不是侵权人的外，由可能加害的建筑物使用人给予补偿。可能加害的建筑物使用人补偿后，有权向侵权人追偿。

物业服务企业等建筑物管理人应当采取必要的安全保障措施防止前款规定情形的发生；未采取必要的安全保障措施的，应当依法承担未履行安全保障义务的侵权责任。

发生本条第一款规定的情形的，公安等机关应当依法及时调查，查清责任人。

31. 因保护他人致使自己受伤的，受益人是否需要承担责任？

情景再现

一天，于某和好朋友到商场购物。快走到商场时，于某看到一位老太太和一个年轻人正在争吵。于某经过了解得知，原来是那个年轻人在卖手表，其欺骗老太太称自己的手表物有所值，老太太付了钱之后，觉得手表有问题，并没有说得那么好，便要求退货。但该年轻人拒绝退货。老太太要报警，年轻人准备逃跑，被老太太拦住。此时，于某上前帮助老太太拦住那个年轻人，结果年轻人将于某推倒在地后便逃跑了。于某的右胳膊因此而骨折，花了近3000元医药费。于某想找人赔偿，却无法找到那个卖手表的年轻人。那么，老太太是否需要支付于某的医药费？

以案说法

本案涉及为保护他人人身安全而自己受到损害，受益人是否应给予补偿的问题。对此，我国《民法典》第一百八十三条规定："因保护他人民事权益使自己受到损害的，由侵权人承担民事责任，受益人可以给予适当补偿。没有侵权人、侵权人逃逸或者无力承担民事责任，受害人请求补偿的，受益人应当给予适当补偿。"据此可知，因保护他人的权益使自己受到伤害的，一般情况下，应当由侵权人承担民事责任。但是如果侵权人逃逸的，按照“谁受益谁补偿”的公平法则，受益人应给予受害人适当的补偿。

在本案中，于某为了保护老太太的合法权益，导致自己的胳膊骨折，因侵权人逃跑，无法确定，因此对于于某的医药费，其可以请求老太太给予适当补偿。

法条链接

《中华人民共和国民法典》

第一百八十三条 因保护他人民事权益使自己受到损害的，由侵权人承担民事责任，受益人可以给予适当补偿。没有侵权人、侵权人逃逸或者无力承担民事责任，受害人请求补偿的，受益人应当给予适当补偿。

32. 因醉酒伤害他人的，是否需要承担侵权责任？

情景再现

韩某是某公司员工。一次，韩某在和同事的聚会上喝醉。醉酒后，韩某在与同事杜某聊天的过程中，双方发生口角，韩某对杜某大打出手，将其打伤。韩某的其他同事将杜某送往医院。第二天，韩某酒醒后，杜某的家属找到韩某，要求韩某承担医药费。韩某向其道歉，但称自己是因喝醉酒失去意识才打伤杜某的，无须承担侵权责任。为此，杜某及其家属准备向法院起诉，请求法院判决韩某承担侵权责任。那么，韩某因醉酒失去意识而打伤他人，是否需要承担侵权责任?

以案说法

因醉酒而打伤他人的，是需要承担侵权责任的。我国《民法典》第一千一百九十条第二款明确规定，完全民事行为能力人因醉酒、滥用麻醉药品或者精神药品对自己的行为暂时没有意识或者失去控制造成他人损害的，应当承担侵权责任。由此可知，完全民事行为能力人即使因醉酒失去意识造成他人损害，也需要为自己的行为负责。这是因为醉酒是一种个人民事行为，对于完全民事行为能力人，其醉酒之前，应当可以预见自己醉酒后可能实施危害社会的行为，并且醉酒的人并非自始没有辨认和控制自己行为的能力，而是由于自身饮酒造成的。因此，醉酒不会成为法定免责事由，醉酒的人对他人造成损害的，仍应承担相应的侵权赔偿责任。

在本案中，虽然韩某是喝醉酒之后将杜某打伤，但是，根据上述法律的规定，其应当承担侵权责任。换言之，侵权责任并不会因为行为人醉酒而免责。所以，韩某需要支付杜某医药费。

法条链接

《中华人民共和国民法典》

第一千一百九十条 完全民事行为能力人对自己的行为暂时没有意识或者失去控制造成他人损害有过错的，应当承担侵权责任；没有过错的，根据行为人的经济状况对受害人适当补偿。

完全民事行为能力人因醉酒、滥用麻醉药品或者精神药品对自已的行为暂时没有意识或者失去控制造成他人损害的，应当承担侵权责任。

33. 逃逸的狗将他人咬伤的，原主人是否需要承担侵权责任?

情景再现

费某是某村村民，因其家里院落非常大，而费某和家人白天经常不在家，便在家里养了一只狗。白天，费某将狗关在笼子里，晚上便放出来。一天早上，费某准备将狗关进笼子时，狗突然挣脱链子从家里跑了出去。费某因为着急上班，便未仔细寻找。两天后，同村村民万某找到费某，称费某家的狗在跑出去之后将自己的儿子咬伤了，要求费某支付自己儿子打狂犬疫苗的费用等医药费。而费某认为，虽然万某的儿子是自己家的狗咬伤的，可是，这是狗在“逃逸”期间咬伤的，与自己无关。那么，逃逸的狗将他人咬伤的，原主人是否需要承担侵权责任?

以案说法

在现实生活中，因遗弃、走失动物伤人的赔偿责任问题发生纠纷的案件时有发生。对于此种情况，关于赔偿责任的主体，我国《民法典》第一千二百四十九条明确规定，遗弃、逃逸的动物在遗弃、逃逸期间造成他人损害的，由动物原饲养人或者管理人承担侵权责任。也就是说，即使自己饲养的动物已经被遗弃或者丢失，如果其在遗弃、丢失期间造成他人损害的，动物的原饲养人也要为此承担相应的侵权责任。法律之所以作出如此规定，是为了督促动物饲养人或管理人履行责任，不能随意将动物遗弃，在动物逃逸后应及时寻找，以免动物伤人。

在本案中，虽然费某的狗是在逃逸期间将同村村民万某的儿子咬伤，但是费某也应当承担侵权责任，支付万某儿子相关的医药费。

法条链接

《中华人民共和国民法典》

第一千二百四十九条 遗弃、逃逸的动物在遗弃、逃逸期间造成他人损害的，由动物原饲养人或者管理人承担侵权责任。

34. 因房屋窗户上的玻璃安装不牢固导致他人受伤的，应当由谁承担责任?

情景再现

武某是某公司员工，多年省吃俭用，终于在某市购买了一套三居室。房子交钥匙之后，武某便对房子进行了装修。由于武某平时工作非常忙，在装修时没有时间去监工，导致房子存在很多装修瑕疵。一天，武某接到小区物业电话，称武某房子窗户上的玻璃掉了下来，将路过的小区居民任某砸伤。武某听到之后非常郁闷，觉得自己这次摊上了大麻烦，就向自己的同事诉苦。同事告诉他应该由安装窗户的装修公司承担侵权责任，武某并没有过错，无须承担责任。那么，武某同事的说法是否正确？因房屋窗户上的玻璃安装不牢固导致他人受伤的，应当由谁承担责任？

以案说法

武某同事的说法是正确的。关于建筑物上的物件脱落致人损害的侵权责任人认定问题，我国《民法典》第一千二百五十三条规定：“建筑物、构筑物或者其他设施及其搁置物、悬挂物发生脱落、坠落造成他人损害，所有人、管理人或者使用人不能证明自己没有过错的，应当承担侵权责任。所有人、管理人或者使用人赔偿后，有其他责任人的，有权向其他责任人追偿。”据此可知，建筑物上的物件脱落致人损害时，如果建筑物的所有人可以证明自己没有过错的，无须承担侵权责任。当然，即使所有人不能证明自己没有过错，其在承担赔偿责任之后，仍可以向其他责任人追偿。

在本案中，武某请装修公司装修房子，装修公司在安装玻璃时未安装牢固，导致玻璃脱落将任某砸伤。因此，真正的侵权责任人是装修公司。武某在承担赔偿责任之后，其可以向某装修公司进行追偿。

法条链接

《中华人民共和国民法典》

第一千二百五十三条 建筑物、构筑物或者其他设施及其搁置物、悬挂物发生脱落、坠落造成他人损害，所有人、管理人或者使用人不能证明自己没有过错的，应当承担侵权责任。所有人、管理人或者使用人赔偿后，有其他责任人的，有权向其他责任人追偿。

第四章　人格权法律知识

35. 人格权一般包含哪些内容，可以放弃自己的某项人格权吗?

情景再现

余某是某国有企业单位的退休职工。一天傍晚，余某在与其他老年人一起聊天时，余某说《民法典》中规定了人格权，大家的权利便更有保障。此时，其中一位老人许某询问余某人格权包含哪些内容。余某告诉了许某自己知道的一些关于人格权的内容。许某听后又说，既然是权利，是不是自己也可以像放弃其他权利一样放弃人格权。对此，余某也很疑惑，觉得人格权应该是可以放弃的。那么，人格权一般包含哪些内容？权利人是否可以放弃自己的某项人格权？

以案说法

人格权是指民事主体固有的，并且由法律直接赋予民事主体所享有的各项人身权利。同时，人格权是民事主体的一项基本权利，任何人都不得侵害他人的人格权。我国《民法典》第九百九十条规定了人格权的内容，即人格权是民事主体享有的生命权、身体权、健康权、姓名权、名称权、肖像权、名誉权、荣誉权、隐私权等权利。除前款规定的人格权外，自然人享有基于人身自由、人格尊严产生的其他人格权益。此外，《民法典》第九百九十一条和第九百九十二条也明确规定，民事主体的人格权受法律保护，任何组织或者个人不得侵害。人格权不得放弃、转让或者继承。据此可知，人格权具有专属性，权利人不能随意放弃人格权。

在上面的案例中，余某的想法是错误的。虽然人格权是民事主体的权利，但是因人格权与人身权利密切相关，人格权不能放弃、转让或继承。

法条链接

《中华人民共和国民法典》

第九百九十条 人格权是民事主体享有的生命权、身体权、健康权、姓名权、名称权、肖像权、名誉权、荣誉权、隐私权等权利。

除前款规定的人格权外，自然人享有基于人身自由、人格尊严产生的其他人格权益。

第九百九十一条 民事主体的人格权受法律保护，任何组织或者个人不得侵害。

第九百九十二条 人格权不得放弃、转让或者继承。

36. 患者以身试验新药，要履行怎样的手续？收费吗？

情景再现

韩某是某公司的职员。一天，其听同事说某医疗团队研制出一种治疗某传染病的新药，正在找试验新药的志愿者。韩某听说之后，觉得自己身体非常好，正好符合该医院的要求，准备报名参加。但是，韩某的同事告诉他，试验新药需要履行一定的手续，非常麻烦，而且还可能需要缴纳相关的试验费用。对此，韩某不解，认为既然是试验新药，自己又是作为志愿者，应该不需要交钱。于是韩某准备向该医疗团队进行咨询。那么，患者以身试验新药的，医疗机构要履行何种手续？其是否会向受试者收费？

以案说法

一般而言，所有新型药物在批准生产、销售使用之前，都必须经过动物实验和活人试验。而根据我国《民法典》第一千零八条的规定："为研制新药、医疗器械或者发展新的预防和治疗方法，需要进行临床试验的，应当依法经相关主管部门批准并经伦理委员会审查同意，向受试者或者受试者的监护人告知试验目的、用途和可能产生的风险等详细情况，并经其书面同意。进行临床试验的，不得向受试者收取试验费用。"由此可知，医疗机构为研制新药，需要进行临床试验的，在经过有关部门批准后，寻求试药志愿者时，不但有义务告知受试者或者受试者的监护人试验的目的、用途以及可能产生的风险，还要经过受试者或者受试者的监护人的书面同意。由于试药本身就存在一定的风险，是为药物研发做贡献，因此不得向其收取试验费。

本案中，韩某同事的说法是错误的，韩某如果参加某医疗团队的试药，其应该签署书面同意书，并且无须缴纳任何试验费用。

法条链接

《中华人民共和国民法典》

第一千零八条 为研制新药、医疗器械或者发展新的预防和治疗方法，需要进行临床试验的，应当依法经相关主管部门批准并经伦理委员会审查同意，向受试者或者受试者的监护人告知试验目的、用途和可能产生的风险等详细情况，并经其书面同意。

进行临床试验的，不得向受试者收取试验费用。

37. 孩子可以既不跟随父姓，也不跟随母姓吗？

情景再现

小红现在是某大学三年级的学生。在她3岁时，小红的父母离婚。之后，其父亲再婚，母亲带着哥哥移民到国外生活。因都不愿意抚养小红，小红从小跟着外婆长大。小红长大后，因为不满自己父母抛弃自己，决定改名换姓，跟随外婆的姓氏。但是小红的同学告诉她，她只能随父亲或母亲的姓氏，不能随外婆的姓氏。对此，小红非常郁闷，觉得自己从小是外婆带大的，父母从来没有对自己尽到任何抚养义务，自己却不能跟随外婆的姓氏。小红准备请教自己正在学习法律的表姐，以确定自己是否可以跟随外婆的姓氏。那么，自然人是否可以跟随父姓或母姓之外的其他姓氏？

以案说法

孩子可以既不跟随父姓，也不跟随母姓，但是，选择自己的姓氏必须符合法律规定的条件。对此，我国《民法典》第一千零一十五条规定，自然人应当随父姓或者母姓，但是有下列情形之一的，可以在父姓和母姓之外选取姓氏：（1）选取其他直系长辈血亲的姓氏；（2）因由法定扶养人以外的人扶养而选取扶养人姓氏；（3）有不违背公序良俗的其他正当理由。少数民族自然人的姓氏可以遵从本民族的文化传统和风俗习惯。不单单是孩子，每一个公民都有选择自己姓氏的权利。但是，一般情况下，自然人应该随父姓或者母姓，只有在具有上述情形之一时，才可以选取其他姓氏。

在本案中，小红的外婆属于小红的直系长辈血亲，符合上述法律规定的第一种情形。所以，小红是可以跟随外婆的姓氏的，小红同学的说法是错误的。

法条链接

《中华人民共和国民法典》

第一千零一十五条　自然人应当随父姓或者母姓，但是有下列情形之一的，可以在父姓和母姓之外选取姓氏：

（一）选取其他直系长辈血亲的姓氏；

（二）因由法定扶养人以外的人扶养而选取扶养人姓氏；

（三）有不违背公序良俗的其他正当理由。

少数民族自然人的姓氏可以遵从本民族的文化传统和风俗习惯。

38. 合理实施哪些行为可以不经肖像权人同意？

◎ 情景再现

范某是某大学汉语言文学专业的研究生，毕业之后，范某到某专职院校担任教师。一次，范某在准备上课的课件时，为了引起学生们的兴趣，将某明星在网上已经公开的照片放在课件上。其同事付某看到了范某课件上的照片，告诉范某不能随意将明星的照片放在课件上。因为明星都是有肖像权的，而且她讲课针对的是全体学生，这些行为是侵犯肖像权的行为。如果要使用他人的照片，必须要经过肖像权人的同意。否则，一旦被发现，很可能要承担民事责任。对此，范某非常害怕，担心自己可能会因为一张照片而承担法律责任。于是范某便将某明星的照片从自己的课件中删除。那么，范某的行为是否侵犯某明星的肖像权？

◎ 以案说法

范某的行为并不属于侵犯肖像权，其可以不经过肖像权人的同意，使用某明星的照片制作课件。一般情况下，使用他人的肖像需要经过肖像权人的同意。但是，如果行为人合理实施法律规定的行为，则无须经过肖像权人同意。对此，我国《民法典》第一千零二十条规定，合理实施下列行为的，可以不经肖像权人同意：（1）为个人学习、艺术欣赏、课堂教学或者科学研究，在必要范围内使用肖像权人已经公开的肖像；（2）为实施新闻报道，不可避免地制作、使用、公开肖像权人的肖像；（3）为依法履行职责，国家机关在必要范围内制作、使用、公开肖像权人的肖像；（4）为展示特定公共环境，不可避免地制作、使用、公开肖像权人的肖像；（5）为维护公共利益或者肖像权人合法权益，制作、使用、公开肖像权人的肖像的其他行为。据此可知，虽然公民享有肖像权，未经本人同意不得随意使用其肖像，但是在上述情况下，当事人属于合理实施某一行为，法律允许当事人不经过肖像权人的同意而使用其肖像。

在本案中，范某是为课堂教学而使用某明星已经公开的照片，此行为是合理使用，无须经过该明星本人同意。因此，即使范某在课件上使用明星照片，也是符合法律规定的，并不会侵害他人的肖像权，也不会因此而承担法律责任。

法条链接

《中华人民共和国民法典》

第一千零二十条　合理实施下列行为的，可以不经肖像权人同意：

（一）为个人学习、艺术欣赏、课堂教学或者科学研究，在必要范围内使用肖像权人已经公开的肖像；

（二）为实施新闻报道，不可避免地制作、使用、公开肖像权人的肖像；

（三）为依法履行职责，国家机关在必要范围内制作、使用、公开肖像权人的肖像；

（四）为展示特定公共环境，不可避免地制作、使用、公开肖像权人的肖像；

（五）为维护公共利益或者肖像权人合法权益，制作、使用、公开肖像权人的肖像的其他行为。

39. 肖像许可使用合同中，肖像权人可以随时解除合同吗？

情景再现

小云从小就长得非常漂亮，上学时一直是学校里的“校花”。大学毕业之后，小云准备与一直相恋的大学同学小吴结婚。两人去拍婚纱照时，由于两人长相都非常出众，照片非常漂亮。某婚纱摄影公司打算将两人的婚纱照作为广告照片进行展示。该婚纱摄影公司与两人签订了肖像许可使用合同，承诺每年支付两人一定的费用，但未约定使用期限。在该婚纱摄影公司使用了两人的婚纱照做广告半年之后，小云和丈夫觉得总是让摄影公司使用肖像会给生活带来不便，就想解除合同。但是，摄影公司称他们不能随便解除合同。那么，在肖像许可使用合同中，肖像权人可以随时解除合同吗？

以案说法

关于肖像许可使用合同，根据我国《民法典》第一千零二十二条的规定，当事人可以就肖像使用进行合同约定，如果当事人对肖像许可使用期限没有约定或者约定不明确，任何一方当事人都可以随时解除肖像许可使用合同，但是应当在合理期限之前通知对方。即使当事人对肖像许可使用期限有明确的约定，但肖像权人有正当理由的，也可以解除肖像许可使用合同，并应当在合理期限之前通知对方。因解除合同造成对方损失的，除肖像权人无过错外，解除合同的一方应当赔偿对方损失。可见，在没有约定使用期限的肖像许可使用合同中，当事人可以随时解除合同，但是，其应当提前通知对方当事人。

在本案中，小云夫妇与某婚纱摄影公司签订肖像许可使用合同时，虽然没有约定使用期限，但是，如果小云夫妇提出解除合同，其只要在合理的期限内提前通知婚纱摄影公司，就可以解除该合同。

法条链接

《中华人民共和国民法典》

第一千零二十二条 当事人对肖像许可使用期限没有约定或者约定不明确的，任何一方当事人可以随时解除肖像许可使用合同，但是应当在合理期限之前通知对方。

当事人对肖像许可使用期限有明确约定，肖像权人有正当理由的，可以解除肖像许可使用合同，但是应当在合理期限之前通知对方。因解除合同造成对方损失的，除不可归责于肖像权人的事由外，应当赔偿损失。

40. 不实的新闻影响他人名誉的，是否应当承担民事责任?

情景再现

朱某是某地方台的记者，平时主要负责新闻收集。一次，在当地某连锁酒店，一个顾客因食用了该酒店的饭菜上吐下泻，朱某得到信息后，没有经过核实，马上在电视台进行了大肆报道，并且夸大其词，称是该酒店饭菜变质才导致顾客食物中毒。后来，经过当地食品药品监督管理局调查得知，该顾客食物中毒并非食用了酒店的饭菜，而是其在之前食用了变质的火腿肠导致的。朱某因未核实信息，导致其错误报道，并因此给该酒店的名誉造成严重影响。该酒店要求朱某承担民事赔偿责任，并要求其公开赔礼道歉。那么，不实的新闻报道影响他人名誉的，是否要承担民事责任?

以案说法

我国《民法典》第一千零二十五条规定，行为人为公共利益实施新闻报道、舆论监督等行为，影响他人名誉的，不承担民事责任，但是有下列情形之一的除外：（1）捏造、歪曲事实；（2）对他人提供的严重失实内容未尽到合理核实义务；（3）使用侮辱性言辞等贬损他人名誉。即行为人为公共利益的需要进行新闻报道、舆论监督时，除非故意捏造、歪曲事实，未经查证或者使用侮辱语言贬损他人的，即使对他人名誉造成了一定影响，也无须承担民事责任。对于捏造、歪曲事实或者贬损他人的事实容易认定，但是否查证属实则不宜考量。对此，《民法典》第一千零二十六条规定了认定行为人是否尽到合理核实义务应当考虑的因素：（1）内容来源的可信度；（2）对明显可能引发争议的内容是否进行了必要的调查；（3）内容的时限性；（4）内容与公序良俗的关联性；（5）受害人名誉受贬损的可能性；（6）核实能力和核实成本。实践中，应当根据行为人的具体行为进行认定，并判断其是否需要承担责任。

在上面的案例中，朱某作为电视台记者，得到相关信息后，应当对信息进行核实。但是，朱某却未按照规定对信息进行审核。因此，朱某应承担民事赔偿责任。同时，根据《民法典》第九百九十五条的规定，该酒店可以要求朱某承担停止侵害、排除妨碍、消除危险、消除影响、恢复名誉、赔礼道歉等责任。

法条链接

《中华人民共和国民法典》

第一千零二十五条 行为人为公共利益实施新闻报道、舆论监督等行为，影响他人名誉的，不承担民事责任，但是有下列情形之一的除外：

（一）捏造、歪曲事实；

（二）对他人提供的严重失实内容未尽到合理核实义务；

（三）使用侮辱性言辞等贬损他人名誉。

第一千零二十六条 认定行为人是否尽到前条第二项规定的合

理核实义务，应当考虑下列因素：

（一）内容来源的可信度；

（二）对明显可能引发争议的内容是否进行了必要的调查；

（三）内容的时限性；

（四）内容与公序良俗的关联性；

（五）受害人名誉受贬损的可能性；

（六）核实能力和核实成本。

第九百九十五条 人格权受到侵害的，受害人有权依照本法和其他法律的规定请求行为人承担民事责任。受害人的停止侵害、排除妨碍、消除危险、消除影响、恢复名誉、赔礼道歉请求权，不适用诉讼时效的规定。

41. 某网络小说中的“渣男”情况与某男子有些雷同，该男子可以要求作者承担民事责任吗？

情景再现

赵某是某大学汉语言专业的学生，平时非常喜欢写网络小说。由于赵某粉丝非常多，某网站签约了赵某写网络小说。一次，赵某在该网站上写了一部言情小说，在小说中赵某设计了一个“渣男”的形象，该“渣男”换了很多个女朋友，经常玩弄他人感情，然而工作能力非常差，经常向女朋友要钱。一天，赵某收到一个自称为徐某的电话，称赵某在该小说中的“渣男”写的是自己，这损害了自己的合法权益，要求赵某承担民事责任。对此，赵某感到非常诧异，自己与该男子素不相识，而小说中某“渣男”的形象是自己塑造的，并不是指的特定人。那么，在此种情况下，赵某是否需要承担民事责任?

以案说法

赵某无须承担民事责任。虽然，我国《民法典》第一千零二十七条第一款明确规定：“行为人发表的文学、艺术作品以真人真事或者特定人为描述对象，含有侮辱、诽谤内容，侵害他人名誉权的，受害人有权依法请求该行为人承担民事责任。”但是，该条第二款同时规定：“行为人发表的文学、艺术作品不以特定人为描述对象，仅其中的情节与该特定人的情况相似的，不承担民事责任。”据此可知，行为人发表的文学作品如果不是以特定人为描述对象的，仅情节与特定人情况相似，是无须承担民事责任的。

本案中，赵某作为某小说的作者，其并未以徐某为特定的描述对象，只是小说中所塑造的“渣男”的形象与徐某相似，不涉及民事侵权。对此，赵某不需要承担民事责任。

法条链接

《中华人民共和国民法典》

第一千零二十七条　行为人发表的文学、艺术作品以真人真事或者特定人为描述对象，含有侮辱、诽谤内容，侵害他人名誉权的，受害人有权依法请求该行为人承担民事责任。

行为人发表的文学、艺术作品不以特定人为描述对象，仅其中的情节与该特定人的情况相似的，不承担民事责任。

第九百九十五条 人格权受到侵害的，受害人有权依照本法和其他法律的规定请求行为人承担民事责任。受害人的停止侵害、排除妨碍、消除危险、消除影响、恢复名誉、赔礼道歉请求权，不适用诉讼时效的规定。

42. 哪些行为是法律规定的侵犯他人隐私权的表现？

情景再现

夏某是某大学的学生，长得非常漂亮，而且学习成绩优异，学校里有很多男生追求夏某。一次，夏某收到一个男生范某的告白短信，该男生称非常喜欢夏某，对夏某一见钟情。夏某并没有理会。后来，该男生开始给夏某打电话，夏某多次拒绝他。但是，范某称如果夏某不答应做自己的女朋友，他就一直不会放弃。之后，范某又通过微信等方式多次与夏某联系，甚至有时半夜还给夏某打电话。夏某只能向自己的好朋友袁某诉说自己的困扰，袁某告诉她范某的行为已经严重影响了她的生活，侵犯了她的隐私权，她可以使用法律手段维护自己的合法权益。那么，范某的行为是否属于侵犯他人隐私权的表现？

以案说法

范某的行为属于侵犯他人隐私权的表现。我国《民法典》第一千零三十二条规定，隐私是自然人的私人生活安宁和不愿为他人知晓的私密空间、私密活动、私密信息。自然人享有隐私权，国家依法保护公民的隐私权。任何组织或者个人不得以刺探、侵扰、泄露、公开等方式侵害他人的隐私权。同时，该法第一千零三十三条具体列举了侵害他人隐私权的行为表现：（1）以电话、短信、即时通讯工具、电子邮件、传单等方式侵扰他人的私人生活安宁；（2）进入、拍摄、窥视他人的住宅、宾馆房间等私密空间；（3）拍摄、窥视、窃听、公开他人的私密活动；（4）拍摄、窥视他人身体的私密部位；（5）处理他人的私密信息；（6）以其他方式侵害他人的隐私权。

在上面的案例中，范某经常通过打电话、发微信等方式试图联系夏某，其行为已经侵扰了夏某的私人生活安宁，属于侵犯他人隐私权的行为，夏某可以要求其承担民事责任。

法条链接

《中华人民共和国民法典》

第一千零三十二条 自然人享有隐私权。任何组织或者个人不得以刺探、侵扰、泄露、公开等方式侵害他人的隐私权。

隐私是自然人的私人生活安宁和不愿为他人知晓的私密空间、私密活动、私密信息。

第一千零三十三条 除法律另有规定或者权利人明确同意外，任何组织或者个人不得实施下列行为：

（一）以电话、短信、即时通讯工具、电子邮件、传单等方式侵扰他人的私人生活安宁；

（二）进入、拍摄、窥视他人的住宅、宾馆房间等私密空间；

（三）拍摄、窥视、窃听、公开他人的私密活动；

（四）拍摄、窥视他人身体的私密部位；

（五）处理他人的私密信息；

（六）以其他方式侵害他人的隐私权。

43. 受法律保护的个人信息通常包括哪些方面？

情景再现

陆某是某公司的员工，因其所在城市房价非常高，陆某一直租房子住。因陆某原来的房屋租赁合同马上到期，他准备在公司附近找一套房子，以方便自己上下班。一天，陆某进入某租房网站后，发现自己的姓名、出生年月以及身份证号码、电子邮箱等都可以在此网站上显示。陆某非常惊讶，自己在此之前从来没有登录过此网站，也没有进行过注册。因此，陆某觉得是自己的个人信息被泄露了。为此，陆某准备报警，以保护自己的个人信息。那么，受法律保护的个人信息通常包括哪些？

以案说法

自然人的个人信息受法律保护，根据我国《民法典》第一千零三十四条第二款的规定，个人信息是以电子或者其他方式记录的能够单独或者与其他信息结合识别特定自然人的各种信息，包括自然人的姓名、出生日期、身份证件号码、生物识别信息、住址、电话号码、电子邮箱、健康信息、行踪信息等。此外，对个人信息中的私密信息，适用有关隐私权的规定，刺探、侵扰、泄露、公开这类个人信息的，属于侵犯他人隐私权的行为；没有规定的，适用有关个人信息保护的规定。据此可知，公民的姓名、出生年月、身份证号、电话号码等信息，属于法律明确规定的个人信息，受到法律的保护，任何人不得侵犯。

在上面的案例中，陆某的姓名、出生日期、身份证号码、电子邮箱等都属于受法律保护的个人信息，在个人信息被泄露之后，陆某采用法律手段进行维权的方法是正确的，值得鼓励和提倡。

法条链接

《中华人民共和国民法典》

第一千零三十二条 自然人享有隐私权。任何组织或者个人不得以刺探、侵扰、泄露、公开等方式侵害他人的隐私权。

隐私是自然人的私人生活安宁和不愿为他人知晓的私密空间、私密活动、私密信息。

第一千零三十四条 自然人的个人信息受法律保护。

个人信息是以电子或者其他方式记录的能够单独或者与其他信息结合识别特定自然人的各种信息，包括自然人的姓名、出生日期、身份证件号码、生物识别信息、住址、电话号码、电子邮箱、健康信息、行踪信息等。

个人信息中的私密信息，适用有关隐私权的规定；没有规定的，适用有关个人信息保护的规定。

44. 什么是“处理”个人信息？应该遵循哪些原则，要符合哪些条件？

情景再现

小美是某网络公司的工作人员，平日里主要负责在该网络公司网站进行注册客户信息的审核，完成客户信息审核后，再将客户的信息进行存储。一次，小美的朋友叮嘱她，让她在工作中小心行事，因为国家现在不断加强对个人信息的保护，如果处理个人信息不适当，很可能需要为此承担法律责任。小美认为，她一直从事这个工作，没有那么严重，而且自己只是负责收集、存储客户的信息，并不涉及处理个人信息的行为。那么，小美在平时工作中收集、存储客户信息的行为属于处理个人信息吗？什么是处理个人信息呢？在处理个人信息时应遵循什么原则，需要符合哪些条件？

以案说法

我国《民法典》第一千零三十五条第二款规定：“个人信息的处理包括个人信息的收集、存储、使用、加工、传输、提供、公开等。”同时，根据该条第一款的规定，在处理个人信息时，应当遵循合法、正当、必要的原则，不得过度处理，并应同时符合下列条件：（1）征得该自然人或者其监护人同意，但是法律、行政法规另有规定的除外；（2）公开处理信息的规则；（3）明示处理信息的目的、方式和范围；（4）不违反法律、行政法规的规定和双方的约定。由此可见，收集、存储、使用、加工、传输、提供、公开等都属于处理个人信息的行为，在进行个人信息处理时，必须遵守合法、正当、必要的基本原则，不得进行过度处理，侵犯他人的个人信息。

案例中，小美朋友的说法是正确的，其在工作中处理个人信息时，即使仅仅涉及收集、存储，也属于处理个人信息，在处理时不能过度，应当遵守上述法律的规定。否则，其很可能会承担法律责任。

法条链接

《中华人民共和国民法典》

第一千零三十五条　处理个人信息的，应当遵循合法、正当、必要原则，不得过度处理，并符合下列条件：

（一）征得该自然人或者其监护人同意，但是法律、行政法规另有规定的除外；

（二）公开处理信息的规则；

（三）明示处理信息的目的、方式和范围；

（四）不违反法律、行政法规的规定和双方的约定。

个人信息的处理包括个人信息的收集、存储、使用、加工、传输、提供、公开等。

45. 处理他人个人信息时，在哪些情况下不必承担民事责任?

情景再现

胡某在某超市办理了会员卡。“五一”劳动节时，该超市举办了会员抽奖活动，称只要在该超市购物满 100 元便可获得一次抽奖机会。胡某为了获得抽奖机会，在该超市买了100元的商品。非常幸运的是，胡某在此次抽奖中获得了一等奖。根据超市的规定，需要对胡某的信息进行公示。于是，在没有经过胡某同意的情况下，该超市便在超市电子屏幕上公开了胡某的姓名、电话号码以及身份证号码等会员信息。胡某看到后，非常生气，认为超市随意公开自己个人信息的行为是违法的。为此，胡某找到超市的相关负责人，称他们的行为属于侵权，应承担民事责任。超市却认为，这是为了明确公示获奖信息，排除超市造假的嫌疑，不属于随意泄露他人信息。那么，在处理他人个人信息时，哪些情况下行为人不需要承担民事责任？

以案说法

超市的行为属于侵犯他人个人信息的行为，需要承担民事责任。根据我国《民法典》第一千零三十六条的规定，处理个人信息，有下列情形之一的，行为人不承担民事责任：（1）在该自然人或者其监护人同意的范围内合理实施的行为；（2）合理处理该自然人自行公开的或者其他已经合法公开的信息，但是该自然人明确拒绝或者处理该信息侵害其重大利益的除外；（3）为维护公共利益或者该自然人合法权益，合理实施的其他行为。据此可知，任何单位和个人，都无权以任何理由泄露、公开他人的个人信息。但法律也规定了一些例外情形，只有符合上述情况时，行为人处理他人的个人信息时，才不需要承担民事责任。

在本案中，某超市公开胡某的个人中奖信息，没有经过胡某本人的同意，其行为是违法的，需要承担民事责任。相反，该超市在公开信息之前，如果取得了胡某的同意，则超市就无须承担民事责任。

法条链接

《中华人民共和国民法典》

第一千零三十六条　处理个人信息，有下列情形之一的，行为人不承担民事责任：

（一）在该自然人或者其监护人同意的范围内合理实施的行为；

（二）合理处理该自然人自行公开的或者其他已经合法公开的信息，但是该自然人明确拒绝或者处理该信息侵害其重大利益的除外；

（三）为维护公共利益或者该自然人合法权益，合理实施的其他行为。

第五章　合同法律知识

46. 尚未签字却已履行的合同是否具有法律效力？

情景再现

阳光商贸公司急需一批外贸服饰，联系了经常合作的大海服装厂，双方通过邮件约定了这批服装的产量和价格。因为阳光商贸公司一直催要，大海服装厂就先将这批衣服发货至阳光商贸公司的仓库，等着阳光商贸公司寄过来已经盖好章的合同后，再走合同签订的流程。没想到，等到这批服装运至阳光商贸公司的仓库，阳光商贸公司收货后，却以合同尚未签订为由，拒绝支付货款。那么，尚未盖章却已履行的合同生效了吗？

以案说法

《民法典》第四百九十条第一款规定："当事人采用合同书形式订立合同的，自当事人均签名、盖章或者按指印时合同成立。在签名、盖章或者按指印之前，当事人一方已经履行主要义务，对方接受时，该合同成立。"一般而言，当事人双方均在合同上签字、盖章后，合同才成立。但是，这并非是合同成立的唯一标准，如果合同的一方已履行了合同的主要义务，对方接受的，该合同也已成立，并对合同双方发生约束力。

在上面的案例中，大海服装厂已经将这批衣服发货至阳光商贸公司的仓库，阳光商贸公司已经收货，这表明大海服装厂已经履行了合同的主要义务，而阳光商贸公司也通过收货接受了义务的履行，双方之间的合同就已经成立，即使合同尚未盖章签字，大海服装厂和阳光商贸公司的合同也成立生效，阳光商贸公司应当依照合同约定履行自己的付款义务，而不能以合同没有签字或盖章为由提出解约或不承认合同成立。

法条链接

《中华人民共和国民法典》

第四百九十条第一款　当事人采用合同书形式订立合同的，自当事人均签名、盖章或者按指印时合同成立。在签名、盖章或者按指印之前，当事人一方已经履行主要义务，对方接受时，该合同成立。

第五百零二条第一款　依法成立的合同，自成立时生效，但是法律另有规定或者当事人另有约定的除外。

47. 发出的货物与合同约定的不一致的，应当如何进行处理？

情景再现

小明是一名木制品爱好者，在装修自己家的时候，在某家具厂定制了一套纯实木家具，并约定好了价格。两个月后，小明收到了该家具厂发来的家具，发现这套家具不是纯实木，而是仿实木的。小明赶紧联系家具厂，家具厂称仿实木家具才是现在的大流行，纯实木家具如果哪一道工序把关不严，小则出现开裂、接合处松动等现象，大则整套家具变形，以至无法使用。小明很是生气，拒绝收货。那么，在这种情况下，应当如何进行处理？

以案说法

根据我国《民法典》第五百六十三条的规定，当一方的违约行为致使合同目的不能实现时，当事人可以解除合同。如果对方发出的货物与承诺的不一致，已经使合同目的不能实现的，守约方可以请求解除合同。此外，该法第五百六十六条第二款规定：“合同因违约解除的，解除权人可以请求违约方承担违约责任，但是当事人另有约定的除外。”也就是说，守约方除了要求解除合同外，还可以根据合同请求违约方承担违约责任，弥补违约行为对自己造成的损失。

在上面的案例中，家具厂擅自变更家具的材料，是对合同内容的实质性变更，已经属于违约，小明可以解除合同，并要求家具厂承担违约责任。

法条链接

《中华人民共和国民法典》

第五百六十三条 有下列情形之一的，当事人可以解除合同：

……

（四）当事人一方迟延履行债务或者有其他违约行为致使不能实现合同目的；

……

第五百六十六条第二款　合同因违约解除的，解除权人可以请求违约方承担违约责任，但是当事人另有约定的除外。

48. 买受人逾期提货导致货物受损的，哪一方承担损失？

情景再现

某商场向某服装厂订购了一批西装，双方约定在6月9日由服装厂将西装运至商场指定的仓库，商场到仓库提货。6月9日，服装厂按照约定将西装送至了指定的地点，并通知商场提货，商场以最近人手紧张为由，要求服装厂送货员直接将这批西装放在仓库，自己一周后提货验收。3天后，该仓库发生火灾，里面的西装全被烧毁了，商场以未收到货物为由拒绝支付货款。那么，这批西装的损失究竟应该由谁来承担呢？

以案说法

根据我国《民法典》第六百零八条的规定，出卖人按照约定将标的物置于交付地点，买受人违反约定没有收取的，标的物毁损、灭失的风险自违反约定时起由买受人承担。也就是说，如果出卖人已经按照约定交付了货物，买受人因为自己的原因逾期提货，导致货物损失的，由于出卖人已经完成了交付货物的义务，标的物的毁损、灭失风险就转移到买受人，应当由买受人承担标的物毁损、灭失的风险。

在上面的案例中，服装厂根据双方的约定履行了自己的交付义务，将货物运至了指定的仓库，标的物毁损、灭失的风险自完成交付时转移至商场一方。商场未在约定的时间内提货，导致货物被大火烧掉，并因此造成了损失，应当自己承担损失。

法条链接

《中华人民共和国民法典》

第六百零三条第二款 当事人没有约定交付地点或者约定不明确，依据本法第五百一十条的规定仍不能确定的，适用下列规定：

（一）标的物需要运输的，出卖人应当将标的物交付给第一承运人以运交给买受人；

（二）标的物不需要运输，出卖人和买受人订立合同时知道标的物在某一地点的，出卖人应当在该地点交付标的物；不知道标的物在某一地点的，应当在出卖人订立合同时的营业地交付标的物。

第六百零八条 出卖人按照约定或者依据本法第六百零三条第二款第二项的规定将标的物置于交付地点，买受人违反约定没有收取的，标的物毁损、灭失的风险自违反约定时起由买受人承担。

49. 签订公益性质赠与合同后，赠与的财物因自然原因而灭失的，赠与人还需要再次赠与财物吗？

情景再现

李女士一直热心公益，关注教育事业的发展。2020年6月，李女士在网上看到贵州某山区小学校园条件较差，学生们课余活动单一、无趣。实地考察后，李女士和该山区小学签订了一份赠与合同，决定赠与该小学五十把吉他，丰富学生们的课余生活。李女士回到市里后，马上开始采购乐器，并联系车辆将乐器送往该小学。没想到，车辆在运输的途中发生意外事故，乐器全部被烧毁了。那么此时，作为赠与人的李女士，还需要再次采购吉他，履行赠与合同的约定吗？

以案说法

根据《民法典》第六百五十七条的规定，赠与合同是指赠与人把自己的财产无偿地送给受赠人，受赠人同意接受的合同。在现实生活中，赠与合同可以发生在国家机关、企事业单位和社会团体对个人以及个人相互之间。根据我国《民法典》第六百六十条的规定，依法不得撤销的具有救灾、扶贫、助残等公益、道德义务性质的赠与合同，赠与人不交付赠与财产的，受赠人可以请求交付。如果赠与财产因赠与人故意或者重大过失致使毁损、灭失的，赠与人应当承担赔偿责任。换言之，公益性质的赠与合同，如果不是赠与人故意或者重大过失导致赠与物毁损、灭失的，赠与人就无须再次履行赠与合同的约定，不必再交付赠与物。

在上面的案例中，李女士和学校签订的赠与合同属于公益性质的赠与合同，李女士无权擅自撤销合同，并应当按照合同内容履行交付赠与物的义务。但是，李女士所捐的乐器因为车祸而毁损，该损失不是李女士故意或者重大过失而产生的，李女士无须为此负责，可以不再履行该赠与合同。

法条链接

《中华人民共和国民法典》

第六百五十七条 赠与合同是赠与人将自己的财产无偿给予受赠人，受赠人表示接受赠与的合同。

第六百六十条 经过公证的赠与合同或者依法不得撤销的具有救灾、扶贫、助残等公益、道德义务性质的赠与合同，赠与人不交付赠与财产的，受赠人可以请求交付。

依据前款规定应当交付的赠与财产因赠与人故意或者重大过失致使毁损、灭失的，赠与人应当承担赔偿责任。

50. 在租赁期内，承租人去世后，与其共同生活的人是否还可以继续租赁房屋?

情景再现

常先生将自己一处市中心的住房出租给张小姐一家使用，租期为3年。两年后，张小姐因为发生交通事故，抢救无效死亡。常先生知道这件事情后，因为自己也打算换个地方住，想要住进这间房子，于是告诉张小姐的母亲李阿姨自己不打算再出租该住房给李阿姨了，让其在一个月之内搬离，剩余的租赁费用全部退还。李阿姨认为，张小姐和常先生签订的租赁合同尚未到期，女儿生前一直和自己共同生活，自己还是有资格继续租赁房屋的，常先生也需要按照约定履行合同。那么，李阿姨的想法对吗？

以案说法

李阿姨的想法是正确的，常先生无权要求李阿姨搬离该住房。我国《民法典》第七百三十二条规定："承租人在房屋租赁期限内死亡的，与其生前共同居住的人或者共同经营人可以按照原租赁合同租赁该房屋。"也就是说，只要还在租赁期内，即使是承租人死亡了，与其共同居住的人还是可以按照租赁合同继续租赁房屋。

在上面的案例中，张小姐和常先生的租赁合同尚未到期，张小姐意外死亡后，因李阿姨和张小姐之前共同生活，李阿姨还是可以按照原租赁合同的约定继续租赁房屋，租赁合同不会因为张小姐的死亡而失效。

法条链接

《中华人民共和国民法典》

第七百三十二条　承租人在房屋租赁期限内死亡的，与其生前共同居住的人或者共同经营人可以按照原租赁合同租赁该房屋。

51. 自然人之间借款没有约定借款利息的，还款时是否需要支付利息？

情景再现

两年前，汪先生因为要凑首付买房结婚，向汪大伯借了 10 万元。大伯本来不想借，但是汪先生承诺两年内归还，并且汪先生的爸爸也做了担保，汪大伯就从自己的积蓄中拿了 10 万元给汪先生。两年后，汪先生按照约定归还了 10 万元借款，但是汪大伯说还有 1 万块钱的利息没有给。汪先生认为，都是亲戚，自己正是经济困难的时候，作为大伯不应该向自己要利息，何况在借钱时两人并没有约定利息。那么，汪先生需要支付利息给汪大伯吗?

以案说法

现实生活中，我们难免会找朋友借钱，也可能会借给朋友钱。然而，对于亲朋好友之间借钱的利息，我们在借钱时常常羞于谈起，却也希望对方在还款时能够主动归还。那么，对于没有约定的借款利息，对方究竟有没有归还的义务呢？对此，我国《民法典》第六百八十条第二款明确规定：“借款合同对支付利息没有约定的，视为没有利息。”也就是说，自然人之间的借款，如果对是否支付利息没有约定或者约定不明确的，视为不支付利息。出借人对自己羞于提出的利息，其实就变成了对权利的放弃，借款人完全有拒不支付的法律依据。

在上面的案例中，汪先生向汪大伯借钱时，没有约定利息。那么，汪先生在两年后按照约定归还借款 10 万元即可，不必再额外支付利息给汪大伯。

法条链接

《中华人民共和国民法典》

第六百八十条第二款　借款合同对支付利息没有约定的，视为没有利息。

52. 委托合同签订后，任何一方都有权随时解除吗？

情景再现

某设计公司接到某家具公司一笔订单，要求设计公司在两个月内为家具公司设计 10 套家具图样，双方签订了委托合同，并约定交付设计图后，家具公司再支付委托款项。一个月后，设计公司负责这个项目的设计师因为薪酬问题离职了，公司短时间内无法找到合适的设计师。于是，设计公司向家具公司提出解除合同，但是家具公司认为设计公司违约，要求其承担违约赔偿责任。那么，设计公司需要赔钱吗？

以案说法

我国《民法典》第九百三十三条明确规定：“委托人或者受托人可以随时解除委托合同。因解除合同造成对方损失的，除不可归责于该当事人的事由外，无偿委托合同的解除方应当赔偿因解除时间不当造成的直接损失，有偿委托合同的解除方应当赔偿对方的直接损失和合同履行后可以获得的利益。”简而言之，基于委托合同的特性，委托合同的当事人均享有随时解除合同的权利，但是如果是有偿的委托合同，解约方应当赔偿对方的损失以及其既得利益的损失。

在上面的案例中，设计公司因为自身的原因，导致合同不能履行，有权向家具公司提出解除合同，但是家具公司也有权要求设计公司赔偿自己的直接损失和合同履行后的可得利益，设计公司必须承担因其违约给家具公司造成的上述损失。

法条链接

《中华人民共和国民法典》

第九百三十三条 委托人或者受托人可以随时解除委托合同。因解除合同造成对方损失的，除不可归责于该当事人的事由外，无偿委托合同的解除方应当赔偿因解除时间不当造成的直接损失，有偿委托合同的解除方应当赔偿对方的直接损失和合同履行后可以获得的利益。

53. 只是在借款合同上签字，没有约定保证方式，保证人承担什么样的责任?

情景再现

郑小姐想要买奢侈品包，向王先生借了 3 万元，签订了借款合同，并且让自己的表姐蒋小姐在借款合同上签字，作为保证人为自己担保。借款合同到期后，郑小姐无力偿还借款，王先生找到蒋小姐，要求蒋小姐代郑小姐还款。蒋小姐表示，自己承担的只是一般保证责任，只有在郑小姐被法院强制履行仍不能还款时，自己才需要承担还款的责任。那么，蒋小姐的说法正确吗?

以案说法

在实践中，经常有保证人直接在借款合同上签字，也未约定承担保证责任的情况发生。对此，我国《民法典》第六百八十六条明确规定："保证的方式包括一般保证和连带责任保证。当事人在保证合同中对保证方式没有约定或者约定不明确的，按照一般保证承担保证责任。"也就是说，如果在借款合同中没有明确约定保证人承担保证责任的方式的，保证人只承担一般保证责任。而按照《民法典》第六百八十七条的规定，一般保证的保证人只有在债务人经法院审判或者仲裁，并强制执行履行还款义务后，仍不能履行债务时，才承担还款责任。

在上面的案例中，蒋小姐只在借款合同上签字，没有约定保证责任的承担方式，按照法律规定，其只承担一般保证责任。除有法定例外情形出现外，蒋小姐在主合同纠纷未经审判或者仲裁，并就郑小姐的财产依法强制执行仍不能履行债务前，有权拒绝向王先生承担保证责任，蒋小姐的说法是正确的。

法条链接

《中华人民共和国民法典》

第六百八十六条 保证的方式包括一般保证和连带责任保证。

当事人在保证合同中对保证方式没有约定或者约定不明确的，按照一般保证承担保证责任。

第六百八十七条 当事人在保证合同中约定，债务人不能履行债务时，由保证人承担保证责任的，为一般保证。

一般保证的保证人在主合同纠纷未经审判或者仲裁，并就债务人财产依法强制执行仍不能履行债务前，有权拒绝向债权人承担保证责任，但是有下列情形之一的除外：

（一）债务人下落不明，且无财产可供执行；

（二）人民法院已经受理债务人破产案件；

（三）债权人有证据证明债务人的财产不足以履行全部债务或者丧失履行债务能力；

（四）保证人书面表示放弃本款规定的权利。

54. 同一债务有两个保证人的，如何承担保证责任？

情景再现

孙先生想要买房，但是还差20万元，就找李先生借钱。李先生不相信孙先生能很快归还借款，孙先生就找了自己的朋友杨小姐、隋女士作为保证人。四方很快签订了借款合同，约定孙先生于两年内归还借款，杨小姐和隋女士作为保证人，为孙先生的这笔借款承担保证责任。两年后，孙先生无力偿还借款，那么，杨小姐和隋女士应怎样承担保证责任呢？

以案说法

我国《民法典》第六百九十九条明确规定："同一债务有两个以上保证人的，保证人应当按照保证合同约定的保证份额，承担保证责任；没有约定保证份额的，债权人可以请求任何一个保证人在其保证范围内承担保证责任。"按此规定，如果保证合同中没有约定保证份额的，债权人可以选择任一保证人向其主张承担保证责任。

在上面的案例中，杨小姐和隋女士在借款合同上作为保证人签字，并且约定为孙先生的20万元借款承担保证责任，当孙先生无力偿还借款时，李先生可以选择杨小姐、隋女士共同承担保证责任，也可以选择她们中任何一个承担全部保证责任。当然，杨小姐、隋女士承担保证责任后，有权就自己承担的保证责任份额向孙先生追偿。

法条链接

《中华人民共和国民法典》

第六百九十九条 同一债务有两个以上保证人的，保证人应当按照保证合同约定的保证份额，承担保证责任；没有约定保证份额的，债权人可以请求任何一个保证人在其保证范围内承担保证责任。

第七百条 保证人承担保证责任后，除当事人另有约定外，有权在其承担保证责任的范围内向债务人追偿，享有债权人对债务人的权利，但是不得损害债权人的利益。

55. 没住的房子要交物业费吗？

情景再现

杨女士于2020年初在市中心购买了一套一室一厅的单身公寓，准备装修后出租给别人赚取租金。交房后，杨女士因为父亲生病，没有时间和精力去管装修的事情，房子就一直空着。年底，物业公司给杨女士打电话，催缴物业费。杨女士认为自己的房子也没人住，也没享受到物业管理服务，不应当缴纳物业费。那么，杨女士的想法正确吗?

以案说法

杨女士的想法是错误的，其应当按时缴纳物业费用。在现实生活中，物业公司虽然不是和每一位业主签订物业合同，但是物业公司与业主委员会签订的物业合同对每一个业主都有约束力。根据我国《民法典》第九百四十四条的规定，物业服务人已经按照约定和有关规定提供服务的，业主不得以未接受或者无须接受相关物业服务为由拒绝支付物业费。也就是说，即使某些业主不在小区居住，房屋空置，但物业仍在为全体业主提供服务，保障小区设施的正常运行，因此，房主仍需按约定缴纳物业费。

在上面的案例中，杨女士的房子虽然空置，但物业公司提供了物业服务，杨女士仍然需要按时缴纳物业费。

法条链接

《中华人民共和国民法典》

第九百四十四条　业主应当按照约定向物业服务人支付物业费。物业服务人已经按照约定和有关规定提供服务的，业主不得以未接受或者无需接受相关物业服务为由拒绝支付物业费。

业主违反约定逾期不支付物业费的，物业服务人可以催告其在合理期限内支付；合理期限届满仍不支付的，物业服务人可以提起诉讼或者申请仲裁。

物业服务人不得采取停止供电、供水、供热、供燃气等方式催交物业费。

56. 在自己的房屋上给他人设立居住权，需要告知物业吗？

情景再现

张爷爷是某大学的退休教授，儿子出国留学后在国外定居了，老伴也在两年前去世了。张爷爷只身一人在家里生活，感觉十分孤独，就让自己在老家的侄子过来陪伴自己，顺便来大城市里闯闯。和侄子相处了一段时间后，张爷爷发现侄子为人忠厚老实，对自己也很好，侄子留在大城市打拼比回乡下机会更多，但是侄子目前还没能力买房，自己去世之后，侄子可能就无法继续住在房子里了。于是，张爷爷准备在自己的房子上为侄子设立居住权，即使自己去世了，侄子也可以在房子里一直居住。那么，张爷爷在房屋上设立居住权，需要告知物业吗？

以案说法

我国《民法典》在此次编纂过程中，引入了居住权。所谓居住权，根据《民法典》第三百六十六条的规定，是指为了满足生活居住的需要，根据合同的约定，对他人所有的住房及其房屋上的附属设施享有占有、使用的权利。公民有权根据自己的意愿，在自己的房屋上为他人设立居住权。同时，我国《民法典》第九百四十五条第二款明确规定：“业主转让、出租物业专有部分、设立居住权或者依法改变共有部分用途的，应当及时将相关情况告知物业服务人。”由此可知，房主在房屋上设立居住权，需要告知物业公司相关情况，便于居住权人享受有关物业服务，行使相关权利。

在上面的案例中，张爷爷可以在自己的房子上为侄子设立居住权，在设立之后，需要及时将自己为侄子设立居住权的情况告知物业公司。

法条链接

《中华人民共和国民法典》

第三百六十六条 居住权人有权按照合同约定，对他人的住宅享有占有、使用的用益物权，以满足生活居住的需要。

第九百四十五条第二款 业主转让、出租物业专有部分、设立居住权或者依法改变共有部分用途的，应当及时将相关情况告知物业服务人。

57. 合伙人没有事先在协议中约定如何分配利润的，怎么办？

情景再现

朱先生、赵先生、吴先生三个人是好友，三人商量分别出资20万元、30万元、50万元成立一个合伙企业，经营货车物流，但是没有约定利润的分配方式。三人用出资款购买了一辆大货车，赵先生负责联系货源，朱先生负责开车拉货，吴先生负责处理一些行政事务。年终时，三人计算企业的利润后，发现收入非常可观，决定在年前分配利润，让大家都过一个好年。朱先生觉得自己开车最辛苦，应该分得多一点；吴先生认为自己出资最多，自己才最应该多分。那么，三人应该根据什么标准分配利润？

以案说法

我国《民法典》第九百七十二条规定："合伙的利润分配和亏损分担，按照合伙合同的约定办理；合伙合同没有约定或者约定不明确的，由合伙人协商决定；协商不成的，由合伙人按照实缴出资比例分配、分担；无法确定出资比例的，由合伙人平均分配、分担。"也就是说，在合伙企业成立时，没有约定合伙的利润分配和亏损分担的，合伙人可以协商决定；协商不成的，就应当按照出资比例确定；如果出资比例也不明确的，就由合伙人平均分配利润、分担债务亏损。

在上面的案例中，朱先生、赵先生、吴先生三人在合伙企业成立时没有约定利润分配方式，三人对利润分配产生分歧，可以先协商决定，如果协商不成，则应按照实缴出资比例分配。三人的实缴出资分别为20万元、30万元、50万元，相应的利润分配比例即为2 ∶ 3 ∶ 5。

法条链接

《中华人民共和国民法典》

第九百七十二条 合伙的利润分配和亏损分担，按照合伙合同的约定办理；合伙合同没有约定或者约定不明确的，由合伙人协商决定；协商不成的，由合伙人按照实缴出资比例分配、分担；无法确定出资比例的，由合伙人平均分配、分担。

第六章　物权法律知识

58. 债权人将债务人的房产证照片发了朋友圈，违法了吗？

情景再现

小玲是国有企业的一名普通职工。2020年夏天，小玲的父亲得了癌症，为了凑够手术费用，小玲用掉了所有的积蓄，还是差20万元。情急之下，小玲想把自己的房子卖了。但是，卖房子也不是一件轻松的事情，也需要一段时间。小玲的朋友小刚提出可以借小玲20万元，只要小玲拿房子做抵押就可以了。小玲十分高兴，和小刚一起去不动产登记中心办理了抵押登记，拿到了20万。但让小玲不舒服的是，办抵押登记那天，小刚拿着自己的房产证照片发了朋友圈，提及小刚借钱给小玲这件事情。小玲觉得小刚的做法欠妥。那么，小刚的做法违法了吗？

以案说法

房产证记载了房主和房屋的基本信息，是确定房主对房屋权利的根据。我国《民法典》第二百一十六条第一款就规定了：“不动产登记簿是物权归属和内容的根据。”此外，《民法典》第二百一十九条规定："利害关系人不得公开、非法使用权利人的不动产登记资料。"也就是说，不动产登记簿作为物权人权利的记载薄，债权人等利害关系人不能公开、非法使用权利人的不动产登记资料。

在上面的案例中，小玲将自己的房屋做了抵押登记，小刚即使是小玲的债权人，也不能将小玲的房产证在朋友圈里公开，小玲可以要求小刚立即删除该朋友圈内容、消除影响、赔礼道歉。

法条链接

《中华人民共和国民法典》

第二百一十六条第一款 不动产登记簿是物权归属和内容的根据。

第二百一十九条 利害关系人不得公开、非法使用权利人的不动产登记资料。

59. 继承房屋的，何时得到房屋的所有权？

情景再现

小丽的妈妈于2018年8月份去世后，小丽就一直居住在妈妈留下的房子里，也没有去办房屋过户的手续，没有把房产证上的所有权人名字改成自己。两年后，小丽打算和异地的男朋友结婚，到男朋友工作的城市A市去生活，就想把妈妈留给自己的这套房子卖了，在A市付首付买一套小两居。但是，在和房屋中介沟通的时候，房屋中介指出房产证上的所有权人名字不是小丽，而是小丽的妈妈，小丽不是房屋的所有权人。那么，房产中介的说法对吗?

以案说法

为了市场交易安全，保护权利人的利益，我国设立了不动产登记制度作为物权公示的手段。《民法典》第二百一十四条规定："不动产物权的设立、变更、转让和消灭，依照法律规定应当登记的，自记载于不动产登记簿时发生效力。"房屋等不动产进行交易时，记载于不动产登记簿时，方发生不动产权属转移的效力。但是，与一般通过买卖等方式取得房屋不同的是，作为继承人继承房屋的，根据我国《民法典》第二百三十条的规定，因继承取得物权的，自继承开始时发生效力。在被继承人死亡时，继承人就取得了房屋的所有权，无须再去办理房屋过户手续。

在上面的案例中，小丽在妈妈去世时，就已经通过继承的方式取得了房屋的所有权，房屋中介的说法是错误的。但是如果小丽想要将房子出售，还是需要去不动产登记中心办理过户登记，这样才能实际处分房屋。

法条链接

《中华人民共和国民法典》

第二百一十四条　不动产物权的设立、变更、转让和消灭，依照法律规定应当登记的，自记载于不动产登记簿时发生效力。

第二百一十七条　不动产权属证书是权利人享有该不动产物权的证明。不动产权属证书记载的事项，应当与不动产登记簿一致；

记载不一致的，除有证据证明不动产登记簿确有错误外，以不动产登记簿为准。

第二百三十条 因继承取得物权的，自继承开始时发生效力。

60. 将小区广场改成停车位，应该经过多少业主的同意才可以？

情景再现

近几年，随着生活水平的提高，为了更加便捷的生活，某小区的业主们基本上都购买了轿车。但随之而来的是，小区的车位已经严重不够了，业主们还经常因为抢车位而发生摩擦。为此，小区的部分业主想要把小区内的广场改为停车位，解决小区车位不足的问题。在业主大会召开的前几天，想将广场改为停车位的业主们广泛游说小区内的其他业主们同意此方案。那么，在业主大会上，需经过多少业主的同意，才能将小区广场改为停车位？

以案说法

我国《民法典》第二百七十四条规定：“建筑区划内的道路，属于业主共有，但是属于城镇公共道路的除外。建筑区划内的绿地，属于业主共有，但是属于城镇公共绿地或者明示属于个人的除外。建筑区划内的其他公共场所、公用设施和物业服务用房，属于业主共有。”也就是说，小区广场属于业主共有部分。同时，根据该法第二百七十八条的规定，改变共有部分的用途的，应当由专有部分面积占比三分之二以上的业主且人数占比三分之二以上的业主参与表决，共同决定。同时，还应当经参与表决专有部分面积四分之三以上的业主且参与表决人数四分之三以上的业主同意。

在上面的案例中，小区的部分业主想要将广场改为停车位，在业主大会上，应当至少由专有部分面积占比三分之二以上的业主且人数占比三分之二以上的业主参与表决，此外，还需要参与表决专有部分面积四分之三以上的业主且参与表决人数四分之三以上的业主的同意才行。

法条链接

《中华人民共和国民法典》

第二百七十四条　建筑区划内的道路，属于业主共有，但是属于城镇公共道路的除外。建筑区划内的绿地，属于业主共有，但是属于城镇公共绿地或者明示属于个人的除外。建筑区划内的其他公共场所、公用设施和物业服务用房，属于业主共有。

第二百七十八条　下列事项由业主共同决定：

……

（八）改变共有部分的用途或者利用共有部分从事经营活动；

……

业主共同决定事项，应当由专有部分面积占比三分之二以上的业主且人数占比三分之二以上的业主参与表决。决定前款第六项至第八项规定的事项，应当经参与表决专有部分面积四分之三以上的业主且参与表决人数四分之三以上的业主同意。决定前款其他事项，应当经参与表决专有部分面积过半数的业主且参与表决人数过半数的业主同意。

61. 建筑物及其附属设施的维修资金应该用到哪些地方?

情景再现

小杨 2020 年买了某楼盘的房子，装修完成后，空置了大概半年透气。2021 年年初，小杨入住新房。在住进去不久后，有位自称业主委员会的工作人员上门，收取“维修资金”。小杨以为这个人是骗子，就马上关门到物业反映情况。让人哭笑不得的是，这个工作人员身份属实，是小杨误把其当成了骗子。小杨很疑惑，这个“维修资金”会用在哪些地方，又是谁在决定收多少呢?

以案说法

买房后，业主不仅对自己专有的房屋享有占有、使用、处分、收益的权利，对专有部分外的共有部分，也享有使用的权利，同时，业主也需要承担相应的义务。因此，如果建筑物及附属设施这些共有部分需要维修的，就需要业主们筹措资金，这些资金就是所谓的“维修资金”。根据我国《民法典》第二百七十八条的规定，筹集建筑物及其附属设施的维修资金和使用这笔资金，都需要一定比例的业主共同决定。同时，该法第二百八十一条规定：“建筑物及其附属设施的维修资金，属于业主共有。经业主共同决定，可以用于电梯、屋顶、外墙、无障碍设施等共有部分的维修、更新和改造。建筑物及其附属设施的维修资金的筹集、使用情况应当定期公布。

紧急情况下需要维修建筑物及其附属设施的，业主大会或者业主委员会可以依法申请使用建筑物及其附属设施的维修资金。”也就是说，维修资金主要用于电梯、屋顶、外墙、无障碍设施等共有部分的维修、更新和改造。在紧急情况下，业主大会或者业主委员会可以不经业主共同同意而使用这笔钱进行维修。

在上面的案例中，小杨所在的小区如果需要缴纳维修资金，小杨可以询问业主委员会维修资金的筹集和使用的情况，同时，关注维修资金最后的用处，并进行监督。但是根据《民法典》第二百七十三条的规定，业主不能以放弃权利为由不履行义务，不缴纳维修资金。

法条链接

《中华人民共和国民法典》

第二百七十三条第一款 业主对建筑物专有部分以外的共有部分，享有权利，承担义务；不得以放弃权利为由不履行义务。

第二百七十八条 下列事项由业主共同决定：

……

（五）使用建筑物及其附属设施的维修资金；

（六）筹集建筑物及其附属设施的维修资金；

……

业主共同决定事项，应当由专有部分面积占比三分之二以上的业主且人数占比三分之二以上的业主参与表决。决定前款第六项至第八项规定的事项，应当经参与表决专有部分面积四分之三以上的业主且参与表决人数四分之三以上的业主同意。决定前款其他事项，应当经参与表决专有部分面积过半数的业主且参与表决人数过半数的业主同意。

第二百八十一条 建筑物及其附属设施的维修资金，属于业主共有。经业主共同决定，可以用于电梯、屋顶、外墙、无障碍设施等共有部分的维修、更新和改造。建筑物及其附属设施的维修资金的筹集、使用情况应当定期公布。

紧急情况下需要维修建筑物及其附属设施的，业主大会或者业主委员会可以依法申请使用建筑物及其附属设施的维修资金。

62. 遗失物没人领，会马上归国家所有吗?

情景再现

小丁是某大学一名大三的学生。2020年10月份，小丁在学校上自习时，在教室里捡到了一个平板电脑，小丁连续一周去该教室自习，都没有同学过来找平板电脑。于是，小丁把平板电脑放到了学校的失物招领处，由失物招领处发布招领公告，找这个平板电脑的主人。12月的一天，小丁在和自己的师姐聊天时，知道师姐在两个月前丢失了一个平板电脑，两人一对细节，发现小丁捡到的平板电脑正是师姐的。师姐想要联系失物招领处，找回自己的东西，但是听说遗失物没人领会归国家所有，自己两个月没去领，现在去还能领到吗？平板电脑还是自己的吗？

以案说法

在现实生活中，经常有粗心的人丢失东西。为了鼓励拾金不昧，帮助权利人及时找回遗失物，我国《民法典》第三百一十四条、第三百一十五条规定，遗失物的拾得人应当及时通知权利人领取，或者将其送至有关部门，有关部门应当通知权利人，不知道权利人的，应当及时发布招领公告。但是，为了及时确定遗失物的归属，该法第三百一十八条同时规定："遗失物自发布招领公告之日起一年内无人认领的，归国家所有。"也就是说，遗失物在发布公告之后一年还没有确定权利人的，遗失物将归公。

在上面的案例中，小丁的师姐在失物招领处发布招领公告两个月后，想要去认领自己的平板电脑，此时平板电脑还未归国家所有，师姐可以带着相应的证明文件，去领回自己的东西。

法条链接

《中华人民共和国民法典》

第三百一十四条　拾得遗失物，应当返还权利人。拾得人应当及时通知权利人领取，或者送交公安等有关部门。

第三百一十五条　有关部门收到遗失物，知道权利人的，应当及时通知其领取；不知道的，应当及时发布招领公告。

第三百一十八条　遗失物自发布招领公告之日起一年内无人认领的，归国家所有。

63. 只签订了居住权合同，居住权就设立了吗？

情景再现

陆奶奶的侄女小月因为家境不好，高中毕业就没有继续读书了。陆奶奶晚年一个人住着，就邀请小月和自己一起居住，这样的话，小月不仅可以省一笔房租，两人还可以互相照顾。两年过去了，两人的感情越发深厚，陆奶奶的身体也日渐不佳，陆奶奶担心自己去世后，小月没地方居住，就和小月签订了居住权合同，在自己的房子上给小月设立居住权，让小月在这个城市里有个家。陆奶奶和小月签订合同不久后，陆奶奶就去世了。之后，陆奶奶的儿子蒋先生想要把这个房子租出去，小月拿出居住权合同，说自己有这个房子的居住权，蒋先生告诉小月，只签订了居住权合同，居住权并没有设立。那么，蒋先生的说法正确吗？

以案说法

我国《民法典》第三百六十六条规定：“居住权人有权按照合同约定，对他人的住宅享有占有、使用的用益物权，以满足生活居住的需要。”简而言之，居住权是权利人为了生活需要，在他人的房屋中生活、居住的权利。作为一种新的用益物权，居住权并非只需要签订合同就设立了，该法第三百六十八条规定：“居住权无偿设立，但是当事人另有约定的除外。设立居住权的，应当向登记机构申请居住权登记。居住权自登记时设立。”也就是说，签订居住权合同后，还需要去有关机关申请进行居住权登记，居住权才能设立。

在上面的案例中，小月虽然和陆奶奶签订了居住权合同，但没有去登记机关登记，居住权并没有设立，小月可以和蒋先生商量，重新和蒋先生签订居住权合同，并进行登记。

法条链接

《中华人民共和国民法典》

第三百六十六条　居住权人有权按照合同约定，对他人的住宅享有占有、使用的用益物权，以满足生活居住的需要。

第三百六十八条　居住权无偿设立，但是当事人另有约定的除外。设立居住权的，应当向登记机构申请居住权登记。居住权自登记时设立。

64. 居住权合同一般包括哪些内容？

情景再现

冯爷爷年轻时家境贫穷，没有结婚生子。今年76岁的他，只有一处住房可以居住，也没有其他生活来源。后来，经朋友李奶奶介绍，冯爷爷知道了某金融机构，该金融机构宣传，如果老人和其签订合同，将老人的房子过户给金融机构，金融机构会每月支付老人一定的生活费用，用于生活开销直至死亡。但是，冯爷爷担心金融机构和自己签订合同后，就不管自己了，自己还可能没地方住。

社区工作人员给冯爷爷出了个主意，冯爷爷可以和该金融机构签订居住权合同，在房子上设立居住权，这样冯爷爷就可以在房子里一直居住。那么，居住权合同一般包括哪些内容呢？

以案说法

为了防止发生“以房养老”骗局，老人们可以在将房屋过户给所谓的金融机构前，与金融机构约定签订居住权合同，在房子上给自己设立居住权。那么，居住权合同应该包括哪些内容呢？根据我国《民法典》第三百六十七条的规定，当事人想要设立居住权的，应当采用书面形式订立合同，合同一般应当包括当事人的姓名或者名称和住所、住宅的位置、居住的条件和要求、居住权期限、解决争议的方法等条款。同时，订立居住权合同的当事人还可以就具有居住权的房屋是否能够出租做出约定。

在上面的案例中，冯爷爷如果与该金融机构签订居住权合同，该居住权合同应当至少包括当事人的姓名或者名称和住所、住宅的位置、居住的条件和要求、居住权期限、解决争议的方法等条款，冯爷爷在签订合同时应当注意上述条款是否完整，保证合同的效力。

法条链接

《中华人民共和国民法典》

第三百六十七条 设立居住权，当事人应当采用书面形式订立居住权合同。

居住权合同一般包括下列条款：

（一）当事人的姓名或者名称和住所；

（二）住宅的位置；

（三）居住的条件和要求；

（四）居住权期限；

（五）解决争议的方法。

65. 存在居住权的房屋，还能出租吗？

情景再现

朱先生的妻子张女士被确诊患有类风湿，这是一种慢性病，患处还经常疼痛。看到被疾病困扰的妻子，朱先生于心不忍，带妻子去各地治疗，想要让妻子痊愈。在寻医的途中，朱先生花光了自己的积蓄，想卖掉房子筹钱，妻子张女士不同意。朱先生想起父亲还留给自己一套房子，不过房子上设有居住权，住着当时照顾父亲的保姆江奶奶。朱先生父亲留下的房子是三室一厅，朱先生想要把其他的两间卧室租出去赚钱。那么，这套房屋还能租出去吗？

以案说法

为了保护居住权人的合法权益，我国《民法典》第三百六十九条规定："居住权不得转让、继承。设立居住权的住宅不得出租，但是当事人另有约定的除外。"也就是说，房屋上设立居住权后，房屋的所有权人不能再将该房屋进行出租，除非居住权人和房屋所有人约定该房屋可以出租。

在上面的案例中，朱先生想要将父亲留下的设有居住权的房屋出租，如果没有和房屋上的居住权人江奶奶协商好，朱先生是不能擅自将这套房屋租出去的，只有经得江奶奶同意，朱先生才可以将房屋出租。

法条链接

《中华人民共和国民法典》

第三百六十九条 居住权不得转让、继承。设立居住权的住宅不得出租，但是当事人另有约定的除外。

66. 房屋上设立的居住权，会一直存在吗?

情景再现

高爷爷的儿子高先生在国外居住，老伴也在两年前去世了。为了照顾父亲，高先生托朋友请了一位保姆李阿姨，照顾高爷爷的饮食起居。相处半年后，高爷爷觉得李阿姨为人善良，做事也比较细心，想到自己离世后，李阿姨就要回到乡下去，于心不忍，就和儿子高先生商量，在自己的房子上给李阿姨设立居住权，让李阿姨在老年的时候在城市里有个住的地方。高先生虽然对李阿姨在父亲的房子里面居住没有意见，但是担心李阿姨去世后，她的后代也要一直在房子里住着。那么，房屋上设立的居住权，会一直存在吗?

以案说法

根据我国《民法典》第三百六十九条、第三百七十条的规定，居住权人不能将居住权转让，居住权人的继承人也不能通过继承的方式取得居住权。在居住权期限到期或者居住权人死亡后，居住权就消灭了。但需要注意的是，居住权设立时，在登记机构进行了居住权登记，因此在居住权消灭时，也应当及时办理注销登记。

在上面的案例中，高先生担心如果为李阿姨设立了居住权，李阿姨的居住权会一直存在，这是没有必要的。高先生可以在签订居住权合同时约定居住权的期限。此外，即使高先生在居住权合同中没有约定居住权期限，在李阿姨去世后，李阿姨的继承人也不能通过继承的方式得到居住权，高先生对此可以放心。

法条链接

《中华人民共和国民法典》

第三百六十九条　居住权不得转让、继承。设立居住权的住宅不得出租，但是当事人另有约定的除外。

第三百七十条　居住权期限届满或者居住权人死亡的，居住权消灭。居住权消灭的，应当及时办理注销登记。

67. 抵押人转让抵押财产的，需要经过抵押权人的同意吗?

情景再现

吴某因做生意需要投资，向好朋友徐某借款10万元。为了保证吴某及时还款，吴某将自己价值30万元的小轿车抵押给徐某。后来，吴某为了扩大投资，准备将自己的小轿车出售。徐某听说后，认为其出售抵押财产必须要经过自己的同意，不同意吴某将抵押给自己的轿车出售。但是，吴某认为虽然已经将轿车抵押给徐某，但是自己是所有权人，徐某不能阻止自己出售轿车。为此，两人发生争执。那么，抵押人转让抵押财产的，是否需要经过抵押权人的同意?

以案说法

抵押人出让抵押财产，如果双方没有特别约定，无须经过抵押人的同意。我国《民法典》第四百零六条规定：“抵押期间，抵押人可以转让抵押财产。当事人另有约定的，按照其约定。抵押财产转让的，抵押权不受影响。抵押人转让抵押财产的，应当及时通知抵押权人。抵押权人能够证明抵押财产转让可能损害抵押权的，可以请求抵押人将转让所得的价款向抵押权人提前清偿债务或者提存。转让的价款超过债权数额的部分归抵押人所有，不足部分由债务人清偿。”由此可见，在上面的案例中，即使吴某出售已经抵押的轿车，徐某的抵押权仍然不受影响。但是，吴某应当及时通知徐某出售轿车的情况。如果徐某能够证明吴某出售轿车可能损害自己的抵押权，其可以要求吴某提前偿还借款或者将出售轿车的价款进行提存。

法条链接

《中华人民共和国民法典》

第四百零六条 抵押期间，抵押人可以转让抵押财产。当事人另有约定的，按照其约定。抵押财产转让的，抵押权不受影响。

抵押人转让抵押财产的，应当及时通知抵押权人。抵押权人能够证明抵押财产转让可能损害抵押权的，可以请求抵押人将转让所得的价款向抵押权人提前清偿债务或者提存。转让的价款超过债权数额的部分归抵押人所有，不足部分由债务人清偿。

68. 同一财产上同时存在抵押权和质权的，如何确定清偿顺序？

情景再现

小孙今年 28 岁了，交往多年的女友给他下了最后通牒，不结婚就分手。无奈之下，小孙到处筹钱，准备凑礼金。经朋友介绍，小孙将自己的汽车抵押给某担保公司，拿到了 2 万元现金，并办理了抵押登记。这 2 万元钱解了小孙的燃眉之急。但是，在筹办婚礼的过程中，订酒店、拍婚纱照，花费越来越多，小孙实在是着急，又打起了车子的主意，将自己的汽车质押给某车行，又借款 2 万元钱。半年后，两笔借款均已到期，小孙无力偿还这两笔借款。那么，小孙的汽车上同时存在抵押权和质权，哪个能优先清偿呢？

以案说法

现实生活中，为了筹措资金，债务人可能在同一动产上既设有抵押权，又设立质权，那么，如何确定各个担保物权人的清偿顺序呢？对此，我国《民法典》第四百一十五条明确规定：“同一财产既设立抵押权又设立质权的，拍卖、变卖该财产所得的价款按照登记、交付的时间先后确定清偿顺序”。换言之，对于这种情况，我国法律规定根据抵押权和质权确立时间的先后，确定担保物权人就拍卖、变卖该财产所得的价款的清偿顺序。

在上面的这个案例中，小孙在自己的车子上同时设立了抵押权和质权，当其无力归还借款时，由于抵押登记设立在先，担保公司就该辆汽车拍卖、变卖所得的价款，优先于车行清偿。

法条链接

《中华人民共和国民法典》

第四百一十五条 同一财产既设立抵押权又设立质权的，拍卖、变卖该财产所得的价款按照登记、交付的时间先后确定清偿顺序。

69. 公司向银行贷款购买设备后，又将设备抵押给其他债权人的，哪个债权人能优先受偿？

情景再现

某服装厂要引进新型机器设备进行生产，但因为资金紧缺，遂在当地的某商业银行进行贷款，双方约定以该机器设备作为这批款项的担保，抵押给银行。某服装厂购买设备后，在某商业银行的催促下，办理了动产抵押登记。半年后，服装厂需要一笔资金，向某布厂购买服装原材料，又将此设备抵押给布厂，并办理了抵押登记。两年后，服装厂资金链断裂，无法偿还借款。那么，对于此设备，银行和布厂均办理了抵押登记，谁能优先受偿呢？

以案说法

为了保护融资者的利益，促进融资，我国《民法典》第四百一十六条明确规定："动产抵押担保的主债权是抵押物的价款，标的物交付后十日内办理抵押登记的，该抵押权人优先于抵押物买受人的其他担保物权人受偿，但是留置权人除外。"也就是说，如果债务人以该动产作为抵押物担保的，作为动产的融资者，就该动产，可以优于该动产上的其他担保物权人优先受偿，但留置权人除外。

在上面的案例中，服装厂为了获得融资购买设备，在当地的某商业银行贷款，并将设备作为抵押物抵押给银行，后虽服装厂在此设备上又设立有抵押权，但当服装厂无力偿还借款时，该商业银行可以优先于布厂，就该设备拍卖、变卖的价款受偿。

法条链接

《中华人民共和国民法典》

第四百一十六条 动产抵押担保的主债权是抵押物的价款，标的物交付后十日内办理抵押登记的，该抵押权人优先于抵押物买受人的其他担保物权人受偿，但是留置权人除外。

第七章　劳动就业法律知识

70. 自愿接受倒签劳动合同的，事后能否再以未签订书面劳动合同为由主张二倍工资的赔偿?

情景再现

2018年6月，张某首次入职甲厂，从事电工工作。但是，甲厂一直未与张某签订书面的劳动合同，期间张某一直按月领取报酬，甲厂也未存在拖欠工资的情况，直到2019年4月，甲厂才与张某首次签订书面劳动合同，约定劳动期限为2018年6月至2021年6月。经过协商，张某同意甲厂将劳动合同倒签的做法，但甲厂要额外支付张某一个月的工资，之后双方分别签字。2020年4月，朋友以高工资邀请张某前往另一家公司，于是张某主动辞职。但是，张某认为甲厂先前额外支付自己一个月工资太少，应当按照法律规定支付双倍差额，于是向当地劳动争议仲裁委申请仲裁。试问，张某的申请能否得到支持?

以案说法

根据《劳动合同法》第八十二条的规定，用人单位自用工之日起超过一个月不满一年未与劳动者订立书面劳动合同的，应当向劳动者每月支付二倍的工资，此时二倍工资的支付期间为用工之日起第二个月至一年，该期间离职的，为第二个月至离职时。

但是，现实生活中，经常出现用人单位为了规避上述期间而与劳动者补签或者倒签书面劳动合同的情形，其核心问题在于用人单位应当在用工之日起一个月签订书面劳动合同而未签订。其中，补签是指用人单位在用工关系成立之后，已逾法定的一个月期限，把合同期限往前移，签订日期为补签合同的时间；而倒签是指用人单位在用工关系成立一个月后或结束之后，才与劳动者签订书面劳动合同，将合同期限往前移，同时，将签订日期写成劳动关系建立之初的时间。二者最大的区别在于签订合同的时间是写在真正签订合同之时，还是写在劳动关系建立之初。从行为本身看，补签、倒签均属于违法行为，但结合《劳动合同法》第三条的规定，如果补签、倒签行为是单位与劳动者协商一致、自愿达成的行为，这属于双方对于该期间存在问题的和解，属于劳动合同中当事人意思自治的表现，应当尊重双方的选择。当然，存在欺诈、胁迫行为使得合意达成的，由于违反自愿原则，该合同无效或部分无效。

本案中，甲厂虽然存在倒签劳动合同的行为，但是经过双方的协商，达成了额外支付一个月工资的约定，该行为是双方自愿达成的协议，张某属于主动放弃了未签订劳动合同期间二倍工资的请求，事后张某再次主张前述二倍工资的，不应被支持。

法条链接

《中华人民共和国劳动合同法》

第三条第一款 订立劳动合同，应当遵循合法、公平、平等自愿、协商一致、诚实信用的原则。

第八十二条 用人单位自用工之日起超过一个月不满一年未与劳动者订立书面劳动合同的，应当向劳动者每月支付二倍的工资。

用人单位违反本法规定不与劳动者订立无固定期限劳动合同的，自应当订立无固定期限劳动合同之日起向劳动者每月支付二倍的工资。

71. 员工严重违反公司规章制度的，单位能否单方解除劳动合同？

情景再现

小王是某保安公司的保安，于2019年3月入职。之后，该保安公司与某高档小区签订了相关的服务协议，小王被派遣到该小区工作。保安公司曾严格要求员工上班期间禁止饮酒，并且认真遵守公司各项规章制度，树立良好的形象，努力为小区业主服务。但是，在一次朋友聚会中，小王饮酒较多，聚会结束后，小王返回小区负责当日的执勤工作。在巡逻过程中，小王被业主梁某数落醉酒上班，并且梁某声称要举报小王，借着醉酒神志不太清晰，脾气暴躁的小王对梁某大打出手，幸好同班保安及时发现，将二人拉开，没有造成其他严重后果。保安公司知道后，以小王严重违反公司规章制度为由，解除了与小王之间的劳动合同。试问，公司的做法是否正确？

以案说法

公司的做法是正确的。通常情况下，公司与劳动者解除劳动合同，需要提前书面告知劳动者，但是，我国《劳动合同法》第三十九条明确规定，劳动者有下列情形之一的，用人单位可以解除劳动合同：（1）在试用期间被证明不符合录用条件的；（2）严重违反用人单位的规章制度的；（3）严重失职，营私舞弊，给用人单位造成重大损害的；（4）劳动者同时与其他用人单位建立劳动关系，对完成本单位的工作任务造成严重影响，或者经用人单位提出，拒不改正的；（5）因本法第二十六条第一款第一项规定的情形致使劳动合同无效的；（6）被依法追究刑事责任的。基于上述6种行为的严重性，劳动者出现任意行为之一时，用人单位可以直接单方解除劳动合同，而无须提前通知劳动者。

本案中，小王无视公司的规章制度，在醉酒状态下上岗工作，并且在执勤中不听业主的劝告，甚至殴打业主，他的行为已经严重违反了保安公司的规章制度，该保安公司可以直接解除劳动合同。

法条链接

《中华人民共和国劳动合同法》

第三十九条 劳动者有下列情形之一的，用人单位可以解除劳动合同：

（一）在试用期间被证明不符合录用条件的；

（二）严重违反用人单位的规章制度的；

（三）严重失职，营私舞弊，给用人单位造成重大损害的；

（四）劳动者同时与其他用人单位建立劳动关系，对完成本单位的工作任务造成严重影响，或者经用人单位提出，拒不改正的；

（五）因本法第二十六条第一款第一项规定的情形致使劳动合同无效的；

（六）被依法追究刑事责任的。

72. 劳动者跳槽之后，违反竞业限制，给原公司造成损失的，是否应承担责任？

情景再现

张三是甲公司的程序员。6个月前，甲公司曾与某电商平台签订合作协议，约定在该电商平台周年庆前，由甲公司制作活动链接一套供该平台使用，其中张三所在的工作室负责抽奖链接的制作，张三由于经验丰富，被分项目主管委以重任。但是，甲公司的竞争对手乙公司私下接触张三，想要挖张三并开出高价年薪。张三递交了相关辞职文件，由于张三身份特殊，甲公司在同意其离职的基础上，附加了一项一年内禁止张三参加同类活动的限制。但是，张三违背该竞业限制，直接入职乙公司，并且在乙公司开发了类似的抽奖程序，并率先投放市场，导致甲公司损失严重。试问，甲公司能否要求张三赔偿？

以案说法

根据我国《劳动合同法》第三十七条、第九十条的规定，劳动者可以单方解除劳动合同，但是，应提前三十天书面通知用人单位，不得擅自离岗，试用期的劳动者应当提前三天通知。同时，如果劳动者违反规定解除劳动合同，或者违反劳动合同中约定的保密义务或者竞业限制，给用人单位造成损失的，应当承担赔偿责任。

本案中，张三按照规定提交辞职申请并无不当，这是劳动合同法赋予劳动者的权利。但是，在甲公司担任要职的张三在解除合同之后，跳槽到甲公司的直接竞争对手乙公司，开发相关程序给甲公司带来了损失，其行为违反了与甲公司约定的竞业限制的协议，对于甲公司的损失，应当承担赔偿责任。

法条链接

《中华人民共和国劳动合同法》

第三十七条 劳动者提前三十日以书面形式通知用人单位，可以解除劳动合同。劳动者在试用期内提前三日通知用人单位，可以解除劳动合同。

第九十条 劳动者违反本法规定解除劳动合同，或者违反劳动合同中约定的保密义务或者竞业限制，给用人单位造成损失的，应当承担赔偿责任。

73. 原劳动合同期满，劳动者继续提供劳动，用人单位未表示拒绝也未与劳动者签订劳动合同的，劳动者能否主张二倍工资的赔偿?

情景再现

王阿姨是某酒店的保洁员，2018 年入职，与该酒店签订了两年的劳动合同，2020 年 3 月时，该劳动合同期满。但是，从 4 月份开始，酒店未告诉王阿姨离职，仍然接受王阿姨的劳动，并且按月支付工资，直到 12 月底，王阿姨由于自己身体不佳辞职。王阿姨的儿子知道后，认为原来的劳动合同已经结束，酒店未按照规定签订新的书面劳动合同，属于违反劳动合同法的情况，应当支付二倍工资，于是陪同王阿姨向当地劳动争议仲裁委员会申请仲裁。试问，原劳动合同期满，劳动者继续提供劳动，用人单位未表示拒绝也未与劳动者签订劳动合同的，劳动者能否主张二倍工资的赔偿?

以案说法

根据我国《劳动合同法》第十条和第八十二条的规定，用人单位与劳动者建立劳动关系必须订立书面的劳动合同，用人单位自用工之日起超过一个月不满一年未与劳动者订立书面劳动合同的，应当向劳动者每月支付二倍的工资。用人单位违反本法规定不与劳动者订立无固定期限劳动合同的，自应当订立无固定期限劳动合同之日起向劳动者每月支付二倍的工资。对于原劳动合同期满，劳动者继续提供劳动，用人单位未予拒绝且照常支付工资的情况，由于旧合同期限已经届满，此时根据《劳动合同法》的规定属于劳动终止。劳动者继续提供劳动，用人单位未拒绝的，其实质为建立了新的劳动关系，按照规定，应当订立书面劳动合同，用人单位自用工之日起超过一个月不满一年未与劳动者订立书面劳动合同的，应当向劳动者每月支付二倍的工资。

本案中，王阿姨在原合同期满后，仍然为酒店提供服务，酒店未表示拒绝，并发放工资，所以二者之间建立起了新的劳动关系，酒店应当与王阿姨签订新的书面劳动合同，然而酒店未签订，此时王阿姨有权根据法律规定请求酒店支付其二倍工资。

法条链接

《中华人民共和国劳动合同法》

第十条 建立劳动关系，应当订立书面劳动合同。

已建立劳动关系，未同时订立书面劳动合同的，应当自用工之日起一个月内订立书面劳动合同。

用人单位与劳动者在用工前订立劳动合同的，劳动关系自用工之日起建立。

第四十四条 有下列情形之一的，劳动合同终止：

（一）劳动合同期满的；

……

第八十二条 用人单位自用工之日起超过一个月不满一年未与劳动者订立书面劳动合同的，应当向劳动者每月支付二倍的工资。

用人单位违反本法规定不与劳动者订立无固定期限劳动合同的，自应当订立无固定期限劳动合同之日起向劳动者每月支付二倍的工资。

74. 员工发现公司未按照规定缴纳社保的，能否要求解除合同并主张经济补偿？

情景再现

小黄是某快递公司的快递员。2015 年 7 月入职时，公司承诺将为所有员工缴纳包括社会保险费在内的多项费用，并且提供丰厚的工资，于是小黄未加思考直接签订了劳动合同。2020 年 11 月，公司发公告称为顺应本县相关制度改革，决定降低医疗保险等费用的缴纳额，缺口部分由员工个人承担。小黄到相关部门咨询和查看相关信息时发现，2015 年入职至今，自己社保一栏信息为空，即该期间，公司根本没有按照入职时的承诺，为员工缴纳社保费用。之后小黄询问了同时进公司的同事，得到了一样的结果。于是，小黄向公司申请解除劳动合同，并要求公司支付经济补偿。试问，小黄的申请能否得到支持？

以案说法

小黄的申请可以得到支持。根据我国《劳动合同法》第三十八条的规定，用人单位有下列情形之一的，劳动者可以解除劳动合同：（1）未按照劳动合同约定提供劳动保护或者劳动条件的；（2）未及时足额支付劳动报酬的；（3）未依法为劳动者缴纳社会保险费的；（4）用人单位的规章制度违反法律、法规的规定，损害劳动者权益的；（5）因本法第二十六条第一款规定的情形致使劳动合同无效的；（6）法律、行政法规规定劳动者可以解除劳动合同的其他情形。对于用人单位以暴力、威胁或者非法限制人身自由的手段强迫劳动者劳动的，或者用人单位违章指挥、强令冒险作业危及劳动者人身安全的，劳动者可以立即解除劳动合同，不需事先告知用人单位。同时该法第四十六条规定，劳动者依照本法第三十八条规定解除劳动合同的，用人单位应当向劳动者支付经济补偿。

本案中，小黄经过查询发现，自入职起，公司从未为自己缴纳社会保险费，属于上述法条第三项规定的情形，对此，小黄可以申请解除劳动合同，并向公司请求支付经济补偿。

法条链接

《中华人民共和国劳动合同法》

第三十八条 用人单位有下列情形之一的，劳动者可以解除劳动合同：

（一）未按照劳动合同约定提供劳动保护或者劳动条件的；

（二）未及时足额支付劳动报酬的；

（三）未依法为劳动者缴纳社会保险费的；

（四）用人单位的规章制度违反法律、法规的规定，损害劳动者权益的；

（五）因本法第二十六条第一款规定的情形致使劳动合同无

效的；

（六）法律、行政法规规定劳动者可以解除劳动合同的其他情形。

用人单位以暴力、威胁或者非法限制人身自由的手段强迫劳动者劳动的，或者用人单位违章指挥、强令冒险作业危及劳动者人身安全的，劳动者可以立即解除劳动合同，不需事先告知用人单位。

第四十六条　有下列情形之一的，用人单位应当向劳动者支付经济补偿：

（一）劳动者依照本法第三十八条规定解除劳动合同的；

……

75. 劳动者在休息日工作后，能否直接选择工资而放弃轮休？

情景再现

黄某在某电力部门上班。近日由于大雨、雷暴等极端天气出现，该电力公司供电区内的居民反映断电情况较多，并且在最近检测中发现部分小区的线路老化严重，需要及时更换和维修。于是，经过领导部门商议，该电力公司决定休息日不停工，加强进行电力设备的安全检查工作，充分保障辖区内的供电安全，同时，在休息日加班的员工，公司会在当前特殊天气过后，合理地安排补休时间。之后黄某和同事被安排在了周末值班检查，但值班完后，黄某向公司财务部门申请，自愿放弃补休机会，请求公司直接支付双倍报酬。公司认为当前特殊情况尚未结束，需要员工连续上岗并占用休息时间，但后期会尽快安排补休时间，因此拒绝该申请。试问，黄某的申请是否正确?

以案说法

黄某的申请不正确。根据我国《劳动合同法》第四十四条的规定，有下列情形之一的，用人单位应当按照下列标准支付高于劳动者正常工作时间工资的工资报酬:（1）安排劳动者延长工作时间的，支付不低于工资的百分之一百五十的工资报酬；（2）休息日安排劳动者工作又不能安排补休的，支付不低于工资的百分之二百的工资报酬；（3）法定休假日安排劳动者工作的，支付不低于工资的百分之三百的工资报酬。对于第一项和第三项，单位需要根据情况直接支付相应的报酬，但是，对于第二项占用休息日的，在不能安排补休的情况下，应当支付相应报酬。

本案中，黄某的情况符合该法第四十四条第二项的规定，公司占用黄某的休息时间后，承诺特殊时期过后会予以补休，如果之后公司未履行补休的规定，黄某可以向公司主张相应的报酬。但是，在此之前，黄某不得直接放弃轮休机会获得报酬。

法条链接

《中华人民共和国劳动法》

第四十四条 有下列情形之一的，用人单位应当按照下列标准支付高于劳动者正常工作时间工资的工资报酬：

（一）安排劳动者延长工作时间的，支付不低于工资的百分之一百五十的工资报酬；

（二）休息日安排劳动者工作又不能安排补休的，支付不低于工资的百分之二百的工资报酬；

（三）法定休假日安排劳动者工作的，支付不低于工资的百分之三百的工资报酬。

76. 因需要哺乳申请提前下班的，单位能否降低工资？

情景再现

小白在某企业负责产品的推广和宣传工作，之后由于需要生育，向单位申请了产假。2019 年 4 月，小白休产假回来，但考虑到小孩尚在哺乳期，母乳不能停顿，于是小白向单位申请在中午和晚上下班时间，提前 30 分钟下班，以便于自己回到家中，及时照料和喂养小孩。单位认为，之前在产假上公司主动为小白提供方便，让其比规定时间多休息了两个月，产假回归岗位后应当严格按照公司的规章制度上下班，如果申请提前下班，按照规定只能减少其工资，小白无奈同意了降薪。试问，因为哺乳的需要，申请提前下班，单位降低工资的做法是否正确？

以案说法

单位降低工资的做法不正确。根据我国《女职工劳动保护特别规定》和《妇女权益保障法》的相关规定，女职工在怀孕期间、生育期间、哺乳期间，单位不得降低工资、予以辞退或者解除劳动合同。当然，在此期间，女职工要求终止或者解除劳动合同的除外。如果女职工在孕期确实不能适应原劳动的，单位根据相关医疗证明，应当减轻工作量或者安排其他适应性劳动。

本案中，公司主动延长的两个月产假属于公司自愿对员工的人道主义关怀和照顾。小白产假回归之后，因要哺乳小孩，提出提前下班的申请并无不当，且申请的时间段为合理的用餐时刻，未随意选择提前下班的时间段。考虑到婴儿离不开母乳，公司应当给予小白方便，又因该时间是哺乳期间，公司不得降低或者减少其工资。

法条链接

《女职工劳动保护特别规定》

第五条 用人单位不得因女职工怀孕、生育、哺乳降低其工资、予以辞退、与其解除劳动或者聘用合同。

第六条第一款 女职工在孕期不能适应原劳动的，用人单位应当根据医疗机构的证明，予以减轻劳动量或者安排其他能够适应的劳动。

《中华人民共和国妇女权益保障法》

第二十七条第一款 任何单位不得因结婚、怀孕、产假、哺乳等情形，降低女职工的工资，辞退女职工，单方解除劳动（聘用）合同或者服务协议。但是，女职工要求终止劳动（聘用）合同或者服务协议的除外。

77. 员工在下班途中接送小孩发生交通事故，被别人撞伤的，可以算工伤吗?

情景再现

王某在一家电影院上班，每天下班后顺路接上女儿回家。2020年11月16号下午，王某正常打卡下班后，骑电动车到附近幼儿园接女儿回家。但当女儿上车，二人准备从校门口进入主路时，直行车道一辆轿车横冲直撞向二人驶来，将正在路口处等待通行的母女二人撞伤。路人拨打120急救电话后，王某母女二人及时被送医检查，其中，王某伤势比较严重，左腿骨折，身上多处淤青，女儿由于受到了妈妈的保护，受伤害较小。事后，经交警部门认定，该轿车驾驶员属于醉酒驾车，负事故全部责任。试问，王某下班途中接孩子回家时发生交通事故造成损害，可以被认定为工伤吗?

以案说法

在下班途中接孩子回家时，发生交通事故造成损害的，可以被认定为工伤。通常来讲，工伤是指在工作时间和工作地点内，因工作原因遭受的损害，但是法律基于保护劳动者的角度，应当将上述条件做合理的解释，接孩子的行为仍然未脱离法律保护的责任范围。根据我国《工伤保险条例》第十四条关于工伤认定的规定，在上下班途中，受到非本人主要责任的交通事故或者城市轨道交通、客运轮渡、火车事故伤害的，可以被认定为工伤，本条的时间限制为上下班途中，损害条件的限制为在事故中承担非主要责任。

本案中，王某在下班途中，顺路接女儿回家时，遭受了交通事故损害，而且在事故中，王某是受害者，不承担事故的责任，因此，对于王某的损害，应当认定为工伤。

法条链接

《工伤保险条例》

第十四条 职工有下列情形之一的，应当认定为工伤：

（一）在工作时间和工作场所内，因工作原因受到事故伤害的；

（二）工作时间前后在工作场所内，从事与工作有关的预备性或者收尾性工作受到事故伤害的；

（三）在工作时间和工作场所内，因履行工作职责受到暴力等意外伤害的；

（四）患职业病的；

（五）因工外出期间，由于工作原因受到伤害或者发生事故下落不明的；

（六）在上下班途中，受到非本人主要责任的交通事故或者城市轨道交通、客运轮渡、火车事故伤害的；

（七）法律、行政法规规定应当认定为工伤的其他情形。

78. 下班之后摆地摊，突发疾病死亡的，是工伤吗?

情景再现

杨某是某大型连锁超市员工，由于该超市是早上七点至晚上十点正常营业，员工被分成了上白班和夜班。杨某认为自己收入较低，无法满足消费需求，于是从 2019 年 5 月起开始在小区附近的夜市摆地摊，做些小生意。2020 年 8 月 4 日，与往常一样，岗位交接同事之后，杨某返回家中，然后携带物品前往夜市准备摆摊。在收拾摊位途中，杨某突然感觉胸口很闷，然后倒地不起，周围的群众及时将其送往医院，但经过治疗，杨某不幸死亡。经医生检查，杨某属于突发心脏病死亡。杨某的丈夫认为，杨某虽然是在摆摊过程中突发疾病死亡，但是在下班之后很短的时间内发生，在超市的工作劳累是杨某突发疾病的诱因，应当认定为工伤。试问，这样的理解是否合理?

以案说法

杨某丈夫的理解不合理。根据我国《工伤保险条例》第十五条的规定，职工在工作时间和工作岗位，突发疾病死亡或者在 48 小时之内经抢救无效死亡的，视同工伤。由此可知，在工作时间和工作岗位，职工因突发疾病死亡的，才能认定为工伤，享受工伤保险待遇。对此，出于保护劳动者的角度，既要做扩大解释，将工作时间理解为准备工作至结束工作的全过程，工作岗位理解为为进行本职工作所必须进行的工作。同时，为防止将任意行为纳入该范围，也要做缩小解释，即脱离本职工作外的活动不能被纳入，如工作时间旷工游玩遭受事故等，其属于劳动者自担风险的活动，即使有损失也不应当按照工伤处理。

本案中，杨某在交接工作之后，其工作已经完成，在安全返回家中后，原则上对于其自身，法律上已尽到足够的保护义务。之后，杨某自愿选择摆摊，应当自己承担责任，即便是超市工作较为辛苦，但这也只是影响超市一方民事方面适当赔偿或者补偿的因素，与认定是否构成工伤无关。

法条链接

《工伤保险条例》

第十五条 职工有下列情形之一的，视同工伤：

（一）在工作时间和工作岗位，突发疾病死亡或者在48小时之内经抢救无效死亡的；

（二）在抢险救灾等维护国家利益、公共利益活动中受到伤害的；

（三）职工原在军队服役，因战、因公负伤致残，已取得革命伤残军人证，到用人单位后旧伤复发的。

职工有前款第（一）项、第（二）项情形的，按照本条例的有关规定享受工伤保险待遇；职工有前款第（三）项情形的，按照本条例的有关规定享受除一次性伤残补助金以外的工伤保险待遇。

79. 工作期间，员工突发疾病死亡的，能否被认定为工伤？

情景再现

刘某在一家公司担任副总经理，其对待工作兢兢业业。近期，刘某负责的一个重要项目要面市，为此刘某忙得废寝忘食，经常加班到夜里两三点。某日，在公司例会上，领导要求刘某对项目进展情况做陈述性报告，在讲解过程中，刘某突感头晕，倒地不起。同事见状及时帮忙将刘某送到最近的医院，医生诊断为突发性脑梗，经过 7 小时的抢救，仍然没能抢救回来。刘某的家属处理完后事之后，向该公司申请认定工伤，公司认为出于人道主义角度考虑，可以给予适当补助，但是刘某属于突发疾病死亡，与工作无关，不能认定工伤。试问，公司的说法是否正确？

以案说法

公司的观点不正确。根据《工伤保险条例》第十五条第一款的规定，职工在工作时间和工作岗位，突发疾病死亡或者在 48 小时之内经抢救无效死亡的；或者在抢险救灾等维护国家利益、公共利益活动中受到伤害的；或者职工原在军队服役，因战、因公负伤致残，已取得革命伤残军人证，到用人单位后旧伤复发的，视同工伤。突发疾病死亡或者 48 小时内抢救无效死亡的，原本属于意外事件，不应该被划定到工伤保护的范围，但是，法律在这里做了拟制性规定，即将原本不属于该种情况的情形纳入法律的管辖之内，使之可以适用相关条款。需要注意的是，该拟制情形也有一定的限制，具体而言，突发疾病死亡或者在48小时内经抢救无效死亡的，行为当时应当发生在工作时间和工作地点，也就是说，不满足该前提，即使出现上述特殊情况，也不能被视为工伤。

本案中，刘某在公司例会上进行项目陈述时，突发疾病，经抢救无效死亡，属于在工作时间、工作岗位上发生了突发情况，并且符合法律规定的48小时之内经抢救无效死亡的情形，应当认定刘某的死亡属于工伤。

法条链接

《工伤保险条例》

第十五条 职工有下列情形之一的，视同工伤：

（一）在工作时间和工作岗位，突发疾病死亡或者在48小时之内经抢救无效死亡的；

（二）在抢险救灾等维护国家利益、公共利益活动中受到伤害的；

（三）职工原在军队服役，因战、因公负伤致残，已取得革命伤残军人证，到用人单位后旧伤复发的。

职工有前款第（一）项、第（二）项情形的，按照本条例的有关规定享受工伤保险待遇；职工有前款第（三）项情形的，按照本条例的有关规定享受除一次性伤残补助金以外的工伤保险待遇。

80. 劳动者因受工伤无法工作的，单位能否限发工资？

情景再现

小杜在某电器行上班，主要负责上门安装业务。2020年4月7日，小杜和同事上门为顾客安装空调，在安装外挂机时，小杜不慎从阳台摔下，幸好安装层数较低且下面是草坪，没有造成严重结果，但小杜小胳膊骨折，被认定为工伤。后经过诊断，医生认为并无大碍，但是需要3～5个月的恢复期，期间不能从事危重劳动。小杜拿着医院证明到公司相关部门申请停工留薪，公司认为小杜需要静养可以停工，但是在该期间不会为公司创造价值，应当采取限发措施，按照最低工资标准发放。公司这样限制发放工资的措施是否合适？

以案说法

根据我国《工伤保险条例》第三十三条的规定，职工因工作遭受事故伤害或者患职业病需要暂停工作接受工伤医疗的，在停工留薪期内，原工资福利待遇不变，由所在单位按月支付。停工留薪期一般不超过12个月。伤情严重或者情况特殊，经设区的市级劳动能力鉴定委员会确认，可以适当延长，但延长不得超过12个月。工伤职工评定伤残等级后，停发原待遇，按照本章的有关规定享受伤残待遇。工伤职工在停工留薪期满后仍需治疗的，继续享受工伤医疗待遇。生活不能自理的工伤职工在停工留薪期需要护理的，由所在单位负责。可见，被认定为工伤的劳动者在停工留薪期内，其原工资福利待遇不会发生变化，当然涉及加班工资、绩效工资等类型的劳动，根据劳动者的实际情况，该方面的工资可以适当少发或者不发。

本案中，小杜因受工伤无法继续工作，公司应当以小杜原工资福利为标准，继续发放工资，限发、不发等剥夺劳动者合法权益的行为属于违反劳动法规定的行为。

法条链接

《工伤保险条例》

第三十三条 职工因工作遭受事故伤害或者患职业病需要暂停工作接受工伤医疗的，在停工留薪期内，原工资福利待遇不变，由所在单位按月支付。

停工留薪期一般不超过12个月。伤情严重或者情况特殊，经设区的市级劳动能力鉴定委员会确认，可以适当延长，但延长不得超过12个月。工伤职工评定伤残等级后，停发原待遇，按照本章的有关规定享受伤残待遇。工伤职工在停工留薪期满后仍需治疗的，继续享受工伤医疗待遇。

生活不能自理的工伤职工在停工留薪期需要护理的，由所在单位负责。

81. 受疫情影响未能在规定时间提出仲裁，能否等疫情缓解之后再提出仲裁申请?

情景再现

2015 年，张先生经过面试顺利入职甲公司，两年后，因为工作业绩突出，张先生被甲公司调至新设立的某省分公司工作。2018 年 12 月，因被人举报做假账，张先生被甲公司约谈，此时正值张先生出国深造，张先生只能通过邮件等方式提供相关证据证明自身清白，但是甲公司认为现有的事实和证据足以证明被举报情况的确存在。2019 年 3 月，甲公司以严重违反公司规章制度为由解除与张先生的劳动合同。2020 年 1 月，张先生归国，其认为公司的做法严重侵犯了自身的合法权益，于是他向当地仲裁委员会申请仲裁，受疫情态势紧张的影响，仲裁委员会暂停接受业务。试问，在疫情缓解之后，张先生能否再提出申请?

以案说法

根据我国《劳动争议调解仲裁法》第二十七条的规定，劳动争议申请仲裁的时效期间为一年。仲裁时效期间从当事人知道或者应当知道其权利被侵害之日起计算。因不可抗力或者有其他正当理由，当事人不能在本条第一款规定的仲裁时效期间申请仲裁的，仲裁时效中止。从中止时效的原因消除之日起，仲裁时效期间继续计算。可见，有不可抗力或者其他正当理由，在法定的一年期限内不能申请仲裁的，会产生仲裁时效中止的效果，待中止时效的情形消失后，时效期间继续计算。

本案中，张先生归国之后及时向当地仲裁部门申请仲裁，但受到疫情的影响，仲裁机构暂停业务，这属于不可抗力，此时产生时效中止的效果，待疫情缓解后，时效期间继续计算，张先生应当在时效期间内及时申请。

法条链接

《中华人民共和国劳动争议调解仲裁法》

第二十七条 劳动争议申请仲裁的时效期间为一年。仲裁时效期间从当事人知道或者应当知道其权利被侵害之日起计算。

前款规定的仲裁时效，因当事人一方向对方当事人主张权利，或者向有关部门请求权利救济，或者对方当事人同意履行义务而中断。从中断时起，仲裁时效期间重新计算。

因不可抗力或者有其他正当理由，当事人不能在本条第一款规定的仲裁时效期间申请仲裁的，仲裁时效中止。从中止时效的原因消除之日起，仲裁时效期间继续计算。

劳动关系存续期间因拖欠劳动报酬发生争议的，劳动者申请仲裁不受本条第一款规定的仲裁时效期间的限制；但是，劳动关系终止的，应当自劳动关系终止之日起一年内提出。

第八章　消费维权法律知识

82. 消费者在结账时使用代金券，经营者可以不开发票吗？

情景再现

2020 年 4 月下旬，魏先生的朋友送了魏先生一张某家新开的网红零食店的代金券。5 月 1 日，魏先生和女朋友刘小姐约会时，正好路过这家零食店，看到这家零食店排队很长，人气很旺，就一起进去选购零食。结账时，魏先生发现自己有这家零食店的代金券，就使用代金券付款，魏先生随后要求零食店开发票。但是，零食店以魏先生使用代金券支付为由，拒绝给魏先生开具发票。那么，消费者在结账时使用代金券，经营者可以不开发票吗？

以案说法

《消费者权益保护法》第二十二条规定：“经营者提供商品或者服务，应当按照国家有关规定或者商业惯例向消费者出具发票等购货凭证或者服务单据；消费者索要发票等购货凭证或者服务单据的，经营者必须出具。”也就是说，经营者有义务向消费者出具发票等购货凭证和服务单据，这种义务不会因为消费者使用了代金券而免除。

本案中，零食店作为提供服务的经营者，在魏先生进行消费后，有义务按照实际的消费金额向魏先生开具发票，这种义务不能因为魏先生使用了代金券而免除，零食店拒绝为魏先生开具发票的行为已经违反了法律的规定，魏先生可以保留相关证据，向有关税务机关进行投诉。

法条链接

《中华人民共和国消费者权益保护法》

第二十二条 经营者提供商品或者服务，应当按照国家有关规定或者商业惯例向消费者出具发票等购货凭证或者服务单据；消费者索要发票等购货凭证或者服务单据的，经营者必须出具。

83. 饭店可以用“时令价”代替明码标价吗？

情景再现

2019年6月中旬，张律师一家到青岛市旅游。某天晚上，张律师一家到当地一家海鲜店就餐时，发现这家海鲜店很多海鲜都使用了时令价，而没有标示具体的价格。张律师细问服务员，服务员解释，当地的海鲜因为季节、时令等原因变动频繁，所以只能用“时令价”代替。张律师认为这样不妥，饭店提供的商品应当明码标价，于是让服务员找来饭店老板，告知老板使用“时令价”有侵犯消费者的知情权的嫌疑。那么，张律师的说法对吗？

以案说法

根据我国《价格法》第十三条第一款、《消费者权益保护法》第二十条第三款的规定，消费者对商家提供的商品和服务有相应的知情权和选择权，经营者提供商品或者服务应当明码标价。即使是海鲜、果蔬等价格变动较为频繁的商品，经营者也需要根据季节、市场及时调整价格，不能模糊地标“时令价”代替具体的价格，否则会有宰客之嫌。

在上面的案例中，张先生在海鲜店就餐时，海鲜店用时令价格代替具体的价格，张先生在不知道具体价格时进行消费，海鲜店侵犯了张先生的知情权，不符合《价格法》和《消费者权益保护法》的规定。

法条链接

《中华人民共和国价格法》

第十三条第一款 经营者销售、收购商品和提供服务，应当按照政府价格主管部门的规定明码标价，注明商品的品名、产地、规格、等级、计价单位、价格或者服务的项目、收费标准等有关情况。

《中华人民共和国消费者权益保护法》

第二十条第三款 经营者提供商品或者服务应当明码标价。

84. 消费者遭遇“天价账单”等宰客行为，如何维权？

情景再现

2021 年 2 月 5 日，是吴小姐和刘先生相恋 100 天的纪念日，两人相约到某摄影中心拍摄艺术照。事前，刘先生已经在网上团购了情侣摄影套餐，上面标明了没有额外收费。但是，在拍摄当日，化妆师为吴小姐化妆时，提出摄影中心不提供吴小姐的假睫毛、隐形内衣等物品，需要额外购买，刘先生觉得这些小东西的价格不高，就同意了。拍摄完成后，摄影中心向刘先生提供了高达 1000 元的账单，刘先生为了在女朋友面前撑面子，就支付了该笔费用。回家后，刘先生越想越生气，觉得自己被宰了。那么，刘先生可以如何维权呢？

以案说法

为了保护消费者的合法权益，我国《价格法》第十三条第一款、第十四条规定，经营者在提供商品和服务时应当明码标价，不能利用虚假的或者使人误解的价格手段，诱骗消费者或者其他经营者与其进行交易。也就是说，我国法律禁止经营者的宰客行为。那么，消费者在遭遇天价账单时，如何维权呢？对此，我国《消费者权益保护法》第三十九条明确规定，消费者和经营者发生消费者权益争议的，可以通过下列途径解决：（1）与经营者协商和解；（2）请求消费者协会或者依法成立的其他调解组织调解；（3）向有关行政部门投诉；（4）根据与经营者达成的仲裁协议提请仲裁机构仲裁；（5）向人民法院提起诉讼。

在上面这个案例中，刘先生认为自己受到了欺骗，被摄影中心宰了，可以先和摄影中心协商解决；或者请求消费者协会进行调解，调解不成的，可以向有关部门投诉，由相关部门进行查处；或者向法院提起诉讼，维护自己的合法权益。

法条链接

《中华人民共和国价格法》

第十三条第一款　经营者销售、收购商品和提供服务，应当按照政府价格主管部门的规定明码标价，注明商品的品名、产地、规格、等级、计价单位、价格或者服务的项目、收费标准等有关情况。

第十四条　经营者不得有下列不正当价格行为：

……

（四）利用虚假的或者使人误解的价格手段，诱骗消费者或者其他经营者与其进行交易；

……

《中华人民共和国消费者权益保护法》

第三十九条　消费者和经营者发生消费者权益争议的，可以通过下列途径解决：

（一）与经营者协商和解；

（二）请求消费者协会或者依法成立的其他调解组织调解；

（三）向有关行政部门投诉；

（四）根据与经营者达成的仲裁协议提请仲裁机构仲裁；

（五）向人民法院提起诉讼。

85. 菜品被换，饭店是否构成消费欺诈？

情景再现

2019年12月18日，马小姐在结婚前夕请高中的老同学吃饭，相约去吃烤全羊。马小姐和老同学们选了一只膘肥体壮的羊，想要饱餐一顿，好好叙叙旧，交流感情。但烤全羊上来后，马小姐就觉得不对劲，饭店上的羊太小，明显就不是他们选的那只。马小姐觉得很没面子，一怒之下当场向当地工商管理部门投诉，举报饭店欺诈消费者，上的菜缺斤短两，要求饭店道歉，并赔偿损失。那么，菜品被换，饭店是否构成消费欺诈？

以案说法

我国《消费者权益保护法》第十六条第二款规定：“经营者和消费者有约定的，应当按照约定履行义务，但双方的约定不得违背法律、法规的规定。”也就是说，如果经营者和消费者约定了提供的商品，经营者应当按照约定履行。没有按约履行的，可能构成消费欺诈。

此外，根据该法第五十五条第一款的规定，经营者提供商品或者服务有欺诈行为的，应当按照消费者的要求增加赔偿其受到的损失，增加赔偿的金额为消费者购买商品的价款或者接受服务的费用的三倍；增加赔偿的金额不足五百元的，为五百元。法律另有规定的，依照其规定。如果经营者实施了消费欺诈行为，消费者不仅有权要求赔偿损失，还可以要求经营者支付额外的惩罚性赔偿金。

在上面的案例中，饭店调包了马小姐选的羊，没有按照和马小姐的约定上菜，构成了消费欺诈。马小姐可以保存好证据，向消费者协会或者工商部门投诉，还有权要求饭店支付烤全羊的三倍费用作为赔偿金。

法条链接

《中华人民共和国消费者权益保护法》

第十六条第二款 经营者和消费者有约定的，应当按照约定履行义务，但双方的约定不得违背法律、法规的规定。

第五十五条第一款 经营者提供商品或者服务有欺诈行为的，应当按照消费者的要求增加赔偿其受到的损失，增加赔偿的金额为消费者购买商品的价款或者接受服务的费用的三倍；增加赔偿的金额不足五百元的，为五百元。法律另有规定的，依照其规定。

86. 商场可以对特价商品的问题不负责吗？

情景再现

2020 年国庆期间，陈小姐和朋友一起在某商场逛街时，看到一双单鞋，十分好看，试穿后也很合适。店员说这双鞋断码了，正好在做特价，陈小姐看价格也合适，就买下了这双鞋。岂料，陈小姐只穿了三天，这双单鞋就断底了，陈小姐觉得这双鞋的质量不行，找到商场，要求商场退货。但是，商场以“特价商品一经售出概不负责”为由，拒绝了陈小姐的请求。那么，商场的做法对吗？

以案说法

根据《消费者权益保护法》第二十三条第一款的规定，经营者应当保证在正常使用商品或者接受服务的情况下其提供的商品或者服务应当具有的质量、性能、用途和有效期限。同时，《零售商促销行为管理办法》第十二条规定：“零售商开展促销活动，不得降低促销商品（包括有奖销售的奖品、赠品）的质量和售后服务水平，不得将质量不合格的物品作为奖品、赠品。”也就是说，我国法律规定经营者提供的商品应当符合质量要求，不能因为商品做特价而降低商品的质量和售后服务水平。如果经营者提供的商品或者服务不符合质量要求，根据《消费者权益保护法》第二十四条第一款的规定，消费者可以依照国家规定、当事人约定退货，或者要求经营者履行更换、修理等义务。

在上面的案例中，陈小姐认为自己在商场购买的单鞋质量不合格，想要退货，商场以“特价商品一经售出概不负责”为由拒绝陈小姐的退货请求，其做法已经违反了相关法律的规定。

法条链接

《中华人民共和国消费者权益保护法》

第二十三条第一款 经营者应当保证在正常使用商品或者接受

服务的情况下其提供的商品或者服务应当具有的质量、性能、用途和有效期限；但消费者在购买该商品或者接受该服务前已经知道其存在瑕疵，且存在该瑕疵不违反法律强制性规定的除外。

第二十四条第一款　经营者提供的商品或者服务不符合质量要求的，消费者可以依照国家规定、当事人约定退货，或者要求经营者履行更换、修理等义务。没有国家规定和当事人约定的，消费者可以自收到商品之日起七日内退货；七日后符合法定解除合同条件的，消费者可以及时退货，不符合法定解除合同条件的，可以要求经营者履行更换、修理等义务。

《零售商促销行为管理办法》

第十二条　零售商开展促销活动，不得降低促销商品（包括有奖销售的奖品、赠品）的质量和售后服务水平，不得将质量不合格的物品作为奖品、赠品。

87. 网购时，秒杀价与实际结算价不一致的，应以哪个为准？

情景再现

苏某在某电商平台看到某店铺首页挂出“商务办公手提电脑到手价 3999 元”后，点击链接进入，页面显示单价为 4399 元，但在笔记本电脑下方写着“到手价 3999 元（关注店铺有惊喜，到货返差价）”。苏某在关注该店铺后，下单购买了该笔记本电脑，支付了 4399 元，并于第二天收到了发票和笔记本电脑。苏某看到发票显示自己购买的笔记本电脑价格为 4399 元，再加上未收到返还的差价，认为自己受到了欺骗，将店铺告上法院。法院认为网店应当向消费者传递准确的价格信息，因网店自身原因导致价格出现矛盾的，应当自己承担后果，判决该店铺返还苏某购买笔记本电脑的差价。那么，网店页面的秒杀价与实际结算价不一致的，应以哪个为准？

以案说法

根据《消费者权益保护法》第八条和第二十条的规定，经营者应当向消费者提供真实、全面的有关商品或者服务的质量、性能、用途、有效期限等信息，不得作虚假或者引人误解的宣传。即网店在经营过程中，应当专业、审慎地发布商品信息，避免误导消费者，当出现信息矛盾时，也应及时提醒消费者，经营者因为自己的过失造成商品信息矛盾，没有及时进行提示并予以纠正的，应当承担相应的不利后果。

本案中，网店在店铺的显著位置进行促销宣传，苏某虽然在商品详情和支付页面看到的都是4399元的价格，但是其在看到该店铺首页宣传“到手价3999元”后，认为该网店将通过返现等优惠方式补足差价，最终以3999元成交。法院依据《消费者权益保护法》的规定，判决该店铺返还苏某购买笔记本电脑的差价，合法合理。此外，如果是网店故意误导买家，导致秒杀价与实际结算价不一致的，则可以认定网店存在欺诈行为，买家可以根据《消费者权益保护法》第五十五条的规定要求网店承担赔偿责任。

法条链接

《中华人民共和国消费者权益保护法》

第八条　消费者享有知悉其购买、使用的商品或者接受的服务的真实情况的权利。

消费者有权根据商品或者服务的不同情况，要求经营者提供商品的价格、产地、生产者、用途、性能、规格、等级、主要成份、生产日期、有效期限、检验合格证明、使用方法说明书、售后服务，或者服务的内容、规格、费用等有关情况。

第二十条　经营者向消费者提供有关商品或者服务的质量、性能、用途、有效期限等信息，应当真实、全面，不得作虚假或者引人误解的宣传。

经营者对消费者就其提供的商品或者服务的质量和使用方法等问题提出的询问，应当作出真实、明确的答复。

经营者提供商品或者服务应当明码标价。

第五十五条第一款　经营者提供商品或者服务有欺诈行为的，应当按照消费者的要求增加赔偿其受到的损失，增加赔偿的金额为消费者购买商品的价款或者接受服务的费用的三倍；增加赔偿的金额不足五百元的，为五百元。法律另有规定的，依照其规定。

88. 网购的货物被别人签收，自己没收到货，可以要求快递公司赔偿损失吗？

情景再现

“双十一”期间，钱先生看到淘宝某店铺在做活动，折扣力度颇大，于是下单购买了一件大衣。半个月后，钱先生还是没有收到货物，钱先生开始以为是“双十一”物流压力大，自己的大衣还没有配送，最后在网上查询物流信息才知道，原来自己的快递已经被别人签收了。钱先生很气愤，自己没有同意别人签收，快递员就擅自把自己的快递让别人签收了，认为这侵犯了自己的权益，要求快递公司赔偿自己的损失。那么，钱先生可以这么做吗？

以案说法

我国《电子商务法》第五十二条第二款规定：“快递物流服务提供者为电子商务提供快递物流服务，应当遵守法律、行政法规，并应当符合承诺的服务规范和时限。快递物流服务提供者在交付商品时，应当提示收货人当面查验；交由他人代收的，应当经收货人同意。”据此开始，我国法律规定快递物流服务提供者交付货物时，如果不是本人签收，而是交由他人代收的，必须要征得收货人的同意。

在上面的案例中，快递员没有征得钱先生的同意，就让别人签收了货物，已经违反了法律的规定，钱先生可以要求快递物流服务提供者承担自己的损失。

法条链接

《中华人民共和国电子商务法》

第五十二条第二款　快递物流服务提供者为电子商务提供快递物流服务，应当遵守法律、行政法规，并应当符合承诺的服务规范和时限。快递物流服务提供者在交付商品时，应当提示收货人当面查验；交由他人代收的，应当经收货人同意。

89. 消费者通过电视购买的商品存在质量问题，找谁赔偿损失？

情景再现

2015 年 6 月的一天，蒋先生在电视上看到一则广告，介绍某手机，像素达 1200 万，拍摄的照片十分清晰，配置较高，价格也非常便宜，只要 999 元，并且承诺如果不满意，7 天可退货。心动的蒋先生就订购了一台手机。岂料，收到手机后，蒋先生发现手机质量很差，像素也不高，还经常卡，上网查询才知道，这款手机已经是两年前的款了。蒋先生十分气愤，准备申请退货，发现已经联系不上经销商了。那么，应当由谁来承担责任呢？

以案说法

为了保护消费者的合法权益，我国《消费者权益保护法》第二十三条第一款、第二款规定："经营者应当保证在正常使用商品或者接受服务的情况下其提供的商品或者服务应当具有的质量、性能、用途和有效期限；但消费者在购买该商品或者接受该服务前已经知道其存在瑕疵，且存在该瑕疵不违反法律强制性规定的除外。经营者以广告、产品说明、实物样品或者其他方式表明商品或者服务的质量状况的，应当保证其提供的商品或者服务的实际质量与表明的质量状况相符。”换言之，经营者通过电视广告宣传时，应当保证其提供的商品质量和宣传的相符。如果不相符，消费者可以根据该法第四十五条第一款的规定，向经营者要求赔偿，如果无法通过广告经营者、发布者提供的方式联系上经营者的，可以请求广告经营者、发布者承担赔偿责任。

在上面的案例中，蒋先生通过电视广告购买了质量不合格的手机，其可以先和经销商协商，要求退货，如果找不到经销商，蒋先生有权请求发布广告的电视台赔偿自己的损失。

法条链接

《中华人民共和国消费者权益保护法》

第二十三条第一款 经营者应当保证在正常使用商品或者接受服务的情况下其提供的商品或者服务应当具有的质量、性能、用途和有效期限；但消费者在购买该商品或者接受该服务前已经知道其存在瑕疵，且存在该瑕疵不违反法律强制性规定的除外。

第二款 经营者以广告、产品说明、实物样品或者其他方式表明商品或者服务的质量状况的，应当保证其提供的商品或者服务的实际质量与表明的质量状况相符。

第四十五条第一款 消费者因经营者利用虚假广告或者其他虚假宣传方式提供商品或者服务，其合法权益受到损害的，可以向经营者要求赔偿。广告经营者、发布者发布虚假广告的，消费者可以请求行政主管部门予以惩处。广告经营者、发布者不能提供经营者的真实名称、地址和有效联系方式的，应当承担赔偿责任。

90. 商家最终解释权的效力如何?

情景再现

周末，孙先生在逛商城时发现，商城正在做有奖销售活动，商城承诺，“凡在该商场一次性购买满五百元的商品可领刮刮卡一张。活动设特等奖、一等奖、二等奖和参与奖，参与就有奖品，一等奖为奖金2万元。”孙先生中了一等奖，他兴奋地拿着刮刮卡去兑奖时，商城给他发了一张“商城满4万减2万”的代金券。孙先生不服气，认为商城的奖品应当是现金2万元，商场说，“我们有言在先，本活动最终解释权在商场”。那么商家“最终解释权”的效力到底如何呢?

以案说法

根据《侵害消费者权益行为处罚办法》第十二条的规定，经营者向消费者提供商品或者服务使用格式条款、通知、声明、店堂告示等的，应当以显著方式提请消费者注意与消费者有重大利害关系的内容，并按照消费者的要求予以说明，不得规定经营者单方享有解释权或者最终解释权。也就是说，经营者自己赋予自己的最终解释权没有法律效力。

在上面这个案例中，商场以自己具有最终解释权为由，将“一等奖 2 万元”解释为“商场满 4 万减 2 万的代金券”，这种解释不具有效力，孙先生可以根据《侵害消费者权益行为处罚办法》第十五条的规定，向有关部门投诉举报，维护自身合法权益。

法条链接

《侵害消费者权益行为处罚办法》

第十二条　经营者向消费者提供商品或者服务使用格式条款、通知、声明、店堂告示等的，应当以显著方式提请消费者注意与消费者有重大利害关系的内容，并按照消费者的要求予以说明，不得作出含有下列内容的规定：

……

（六）规定经营者单方享有解释权或者最终解释权；

……

第十五条　经营者违反本办法第十二条、第十三条规定，其他法律、法规有规定的，依照法律、法规的规定执行；法律、法规未作规定的，由工商行政管理部门责令改正，可以单处或者并处警告，违法所得三倍以下、但最高不超过三万元的罚款，没有违法所得的，处以一万元以下的罚款。

91. 经营者可以要求消费者购买试过的衣服吗?

情景再现

2019 年 4 月 6 日，周小姐和男朋友李先生到某购物中心购买衣服，逛到某时装店时，周小姐看到这家店衣服款式新颖，好看又精致，就进去挑选。周小姐选中一件衣服，让导购员拿出自己的尺码试穿，试穿后周小姐觉得这件衣服上身不好看，就准备离开到其他店铺逛逛。当他们要离开时，导购员叫住他们说："不买就别试穿，试穿了就一定要买，不买你们今天休想离开。"双方僵持不下，周小姐很气愤，就当场拨打了 12315，投诉了这家购物中心。

以案说法

消费者在消费时，可以进行选择，经营者不能强买强卖，对此，我国《消费者权益保护法》第十条明确规定："消费者享有公平交易的权利。消费者在购买商品或者接受服务时，有权获得质量保障、价格合理、计量正确等公平交易条件，有权拒绝经营者的强制交易行为。"

在上面的案例中，周小姐在试穿衣服后，对衣服不喜欢，可以拒绝购买，经营者不能强买强卖，强制周小姐和他们交易，这种行为已经违反了法律的规定。周小姐向 12315 举报、投诉，这种做法不仅能维护自己的合法权益，还能营造良好的营商环境。

法条链接

《中华人民共和国消费者权益保护法》

第十条 消费者享有公平交易的权利。

消费者在购买商品或者接受服务时，有权获得质量保障、价格合理、计量正确等公平交易条件，有权拒绝经营者的强制交易行为。

92. 乘坐网约车时被司机猥亵，可以要求平台承担责任吗?

情景再现

郑小姐是某互联网公司的一名程序员。2019年7月的一天晚上，郑小姐加班到11点后，在某网约车平台叫了一辆网约车，准备打车回家。上车后，郑小姐闭眼休息，嘱咐司机到了目的地直接叫醒自己。郑小姐在睡梦中感觉到不对劲，醒来才发现司机将车开到了偏僻处，正在猥亵自己。郑小姐一边用语言缓和司机的情绪，一边藏着手机给自己的男朋友打电话。后经过男朋友的协助，郑小姐成功脱身。那么，郑小姐可以要求网约车平台承担责任吗?

以案说法

近年来，各种打车软件因为价格便宜、方便快捷受到很多人的喜爱，网约车成为人们出行方式的选择之一，与此同时，网约车司机伤害乘客的事件也频频发生。我国《网络预约出租汽车经营服务管理暂行办法》第十六条规定：“网约车平台公司承担承运人责任，应当保证运营安全，保障乘客合法权益。”网约车平台应当审慎地审查司机的资质、身份等信息，对司机进行管理，保证运营中的安全，如果发生事故，网约车平台也需承担相应的责任。

在上面这个案例中，郑小姐晚上打网约车被司机猥亵，不仅可以报警要求司机承担刑事责任，还可以起诉网约车平台，要求其承担没有审慎审查司机资质等相应的赔偿责任。

法条链接

《网络预约出租汽车经营服务管理暂行办法》

第十六条　网约车平台公司承担承运人责任，应当保证运营安全，保障乘客合法权益。

93. 从网络直播中买到假货，可以要求“退一赔三”吗？

情景再现

2019年7月8日，放假在家的小李在浏览淘宝某珠宝店铺时，通过淘宝直播看到一款蓝宝石项坠正在做活动。这款首饰款式新颖，同时，主播极力渲染这款珠宝活动力度很大，值得购买。小李本来就想入手一件首饰，想着珠宝可以保值，就在淘宝直播下单购买了这件项坠。收到货后，小李虽然对珠宝没有研究，但还是觉得自己受骗了，这款项坠中的蓝宝石根本不像是真的。于是，小李联系了该店铺的客服，要求店铺退货并赔偿商品价值三倍的损失。那么，小李的诉求合理吗？

以案说法

《消费者权益保护法》第五十五条第一款规定：“经营者提供商品或者服务有欺诈行为的，应当按照消费者的要求增加赔偿其受到的损失，增加赔偿的金额为消费者购买商品的价款或者接受服务的费用的三倍；增加赔偿的金额不足五百元的，为五百元。法律另有规定的，依照其规定。”也就是说，如果经营者欺诈消费者，消费者有权要求经营者“退一赔三”。

现如今，网络直播带货大热，同时，直播带货商品质量良莠不齐，鱼目混珠，消费者权益屡受侵害，在直播间买到假货的事情屡屡发生。经营者通过网络直播卖假货，也属于欺诈消费者，如果消费者能通过鉴定等方式确定自己购买的商品是假货，有权要求店铺退货，并赔偿自己购买价款的三倍，赔偿金额不足五百元的，为五百元。

在上面的案例中，小李认为自己在网络直播间中买到了假货，如果经权威机构鉴定，小李收到的珠宝确实是假的，小李要求店铺“退一赔三”的请求是合理的。

法条链接

《中华人民共和国消费者权益保护法》

第五十五条第一款 经营者提供商品或者服务有欺诈行为的，应当按照消费者的要求增加赔偿其受到的损失，增加赔偿的金额为消费者购买商品的价款或者接受服务的费用的三倍；增加赔偿的金额不足五百元的，为五百元。法律另有规定的，依照其规定。

第九章　道路交通法律知识

94. 在哪些情形下，交管部门不予受理机动车驾驶人申请接受交通安全教育减免交通违法行为记分？

情景再现

杨某是某公司的员工。2020 年 4 月的一天，杨某起床晚了，当天公司有一项重要会议，为了能够及时参加会议，杨某迅速开车前往公司。因当时非常着急，杨某只顾着能够及时赶到公司，却没有注意路上限速。在到达公司不久后，杨某收到交管部门的短信，称杨某超过规定时速 25%，扣 6 分，罚款 50 元，请杨某按时到相关部门交纳罚款。杨某当天交纳了罚款。后来，杨某想通过申请接受交通安全教育减免交通违法行为记分，但因杨某在上一个记分周期内已经连续两次被扣了 12 分，交管部门没有受理杨某的申请。那么，在哪些情形下，交管部门不予受理机动车驾驶人申请接受交通安全教育减免交通违法行为记分？

以案说法

我国《接受交通安全教育减免道路交通安全违法行为记分工作规范（试行）》第二条规定，机动车驾驶人参加公安机关交通管理部门组织的道路交通安全法律、法规和相关知识学习并经考试合格的，或者在机动车驾驶证核发地参加交通安全公益活动并达到相关要求的，可以申请减免交通违法行为记分。但是，根据该法第四条的规定，机动车驾驶人出现了以下七种情形之一的，则不予受理：（1）在本记分周期内，机动车驾驶人有二次以上满分记录，或者累积记分达到十二分的；（2）在上一个记分周期，机动车驾驶人有二次以上满分记录的；（3）在最近三个记分周期内，机动车驾驶人因造成交通事故后逃逸，或者饮酒后驾驶机动车，或者使用伪造、变造的机动车号牌、行驶证、驾驶证、校车标牌或者使用其他机动车号牌、行驶证，或者买分卖分受到过处罚的；（4）机动车驾驶证在实习期内，或者机动车驾驶证逾期未审验，或者机动车驾驶证被扣留、暂扣期间的；（5）机动车驾驶人名下有未处理的交通违法行为记录的；（6）机动车驾驶人名下有安全技术检验超过有效期或者未按规定办理注销登记的机动车；（7）机动车驾驶人参加接受交通安全教育减免道路交通安全违法行为记分，或者机动车驾驶人违法记分满分教育和审验教育学习考试时存在弄虚作假、冒名顶替情形的。另外，根据《机动车驾驶证申领和使用规定》第六十五条第一款的规定，道路交通安全违法行为累积记分周期为12个月，满分为12分，从机动车驾驶证初次领取之日起计算。

在上面的案例中，杨某在上一个记分周期，已经连续两次被扣了 12 分，即已经有二次以上满分记录，根据《接受交通安全教育减免道路交通安全违法行为记分工作规范（试行）》第四条第二项的规定，交管部门不予受理杨某的减免交通违法行为记分的申请是正确的。

法条链接

《接受交通安全教育减免道路交通安全违法行为记分工作规范（试行）》

第二条　机动车驾驶人参加公安机关交通管理部门组织的道路交通安全法律、法规和相关知识学习并经考试合格的，或者在机动车驾驶证核发地参加交通安全公益活动并达到相关要求的，可以申请减免交通违法行为记分。

第四条　机动车驾驶人申请接受交通安全教育减免交通违法行为记分的，公安机关交通管理部门应当受理。但有以下情形之一的，不予受理：

（一）在本记分周期内，机动车驾驶人有二次以上满分记录，或者累积记分达到十二分的；

（二）在上一个记分周期，机动车驾驶人有二次以上满分记录的；

……

《机动车驾驶证申领和使用规定》

第六十五条第一款　道路交通安全违法行为累积记分周期（即

记分周期）为12个月，满分为12分，从机动车驾驶证初次领取之日起计算。

95. 接受交通安全教育或参加交通安全公益活动的机动车驾驶人，每次可以减免多少分？

情景再现

2019年6月，王某在参加完高考之后，便报名参加了驾驶证考试。王某非常聪明，每次都是一次性通过，两个月后，王某便顺利拿下了驾照。在取得驾照的第二天，王某的父亲就给他买了一辆车，于是，王某便自己开车带同学兜风。然而，王某驾驶技术并不熟练，其两次闯了红灯，一共扣了12分。王某觉得自己刚刚拿下驾照就扣了很多分，便准备参加公安机关交通管理部门组织的道路交通安全法律、法规和相关知识学习以及交通安全公益活动。王某一共参加了4次网上学习活动且考试合格和5次交通公益活动。但最后其只获得了6分。对此，王某感到不解。那么，接受交通安全教育或参加交通安全公益活动的机动车驾驶人，每次可以减免多少分？

以案说法

根据《接受交通安全教育减免道路交通安全违法行为记分工作规范（试行）》第二十三条的规定，参加公安机关交通管理部门组织的道路交通安全法律、法规和相关知识学习且经考试合格的，按照以下标准减免分数：（1）参加公安机关交通管理部门组织的道路交通安全法律、法规和相关知识网上学习且经考试合格的，一次减免 1 分；（2）参加公安机关交通管理部门组织的道路交通安全法律、法规和相关知识现场学习且经考试合格的，一次减免 2 分；（3）参加公安机关交通管理部门组织的交通安全公益活动，一次减免 1 分。

此外，该法第二十四条规定，机动车驾驶人在本记分周期内分别参加道路交通安全法律、法规和相关知识网上、现场学习考试或者交通安全公益活动的，累计最高减免 6 分。由此可见，机动车驾驶人接受交通安全教育、参加考试并合格的，可以根据其不同的学习情况予以减免分数，但是，无论机动车驾驶人学习多少次，在同一记分周期内，累计最高减免 6 分。

在本案中，王某共参加了 4 次网上学习活动且考试合格和 5 次交通公益活动，根据上述规定，应当减免 9 分。但因最高累计不能超过 6 分，所以，最后王某只能减免 6 分。

法条链接

《接受交通安全教育减免道路交通安全违法行为记分工作规范（试行）》

第二十三条　参加公安机关交通管理部门组织的道路交通安全法律、法规和相关知识网上学习且经考试合格的，一次减免 1 分。

参加公安机关交通管理部门组织的道路交通安全法律、法规和相关知识现场学习且经考试合格的，一次减免 2 分。

参加公安机关交通管理部门组织的交通安全公益活动，一次减免 1 分。

第二十四条 机动车驾驶人在本记分周期内分别参加道路交通安全法律、法规和相关知识网上、现场学习考试或者交通安全公益活动的，累计最高减免 6 分。

96. 机动车所有人可以将自己的车牌号借给他人使用吗？

情景再现

夏某是某公司的职员，因工作调动，该公司派夏某到北京工作一年。但是，由于夏某没有北京车牌号，上下班不方便，所以，其准备借一个车牌号。夏某听说舅舅家的车经常没有人开，而舅舅就在北京。于是，夏某便和舅舅商量，希望舅舅可以把车牌号借给自己使用一段时间，等自己离开北京后就把车牌号还给舅舅，而夏某的舅舅称这是违法的，不能借给夏某使用。对此，夏某非常生气，觉得舅舅就是小气，故意找借口不给自己使用。那么车主可以将车牌号借给他人使用吗？

以案说法

夏某舅舅的说法是正确的。根据我国《道路交通安全法》第九条第三款的规定，公安机关交通管理部门以外的任何单位或者个人不得发放机动车号牌或者要求机动车悬挂其他号牌，本法另有规定的除外。该法第十六条第四项规定，任何单位或者个人不得使用其他机动车的登记证书、号牌、行驶证、检验合格标志、保险标志。

换言之，机动车驾驶人不能借用他人的车牌号，机动车所有人也不能将自己的车牌号借给他人使用。否则，根据该法第九十六条第三款规定，使用其他车辆的机动车登记证书、号牌、行驶证、检验合格标志、保险标志的，由公安机关交通管理部门予以收缴，扣留该机动车，处二千元以上五千元以下罚款。

在上面的案例中，夏某借用其舅舅的车牌号的行为是违法的。如果其使用舅舅的车牌号，该车牌号将会被公安机关交通管理部门收缴，并扣留其机动车，同时会被处以二千元以上五千元以下罚款。所以，夏某的舅舅未将车牌号借给夏某使用的做法是正确的。

法条链接

《中华人民共和国道路交通安全法》

第九条第三款　公安机关交通管理部门以外的任何单位或者个人不得发放机动车号牌或者要求机动车悬挂其他号牌，本法另有规定的除外。

第十六条　任何单位或者个人不得有下列行为：

……

（四）使用其他机动车的登记证书、号牌、行驶证、检验合格标志、保险标志。

第九十六条第三款　使用其他车辆的机动车登记证书、号牌、行驶证、检验合格标志、保险标志的，由公安机关交通管理部门予以收缴，扣留该机动车，处二千元以上五千元以下罚款。

97. 扣留他人驾驶证的行为是否合法?

情景再现

赵某是某校即将毕业的大学生。2019 年 4 月，赵某在参加某公司的面试时，提前到了公司，由于时间还早，其便到该公司附近的一家咖啡厅喝咖啡，顺便休息一下。然而，赵某喝完咖啡准备结账时，才发现自己没有带钱包，而微信上也没有钱了。于是，该咖啡厅便要求赵某将身份证留下，在拿了钱包付账之后，再将身份证还给他。但因为赵某面试需要使用身份证，无法将身份证留下。此时，咖啡厅的工作人员说驾驶证也可以。为此，赵某便将驾驶证留在了咖啡厅。那么，咖啡厅扣留赵某驾驶证的行为是否合法?

以案说法

咖啡厅不能扣留赵某的驾驶证。我国《道路交通安全法》第十九条第五款明确规定，公安机关交通管理部门以外的任何单位或者个人，不得收缴、扣留机动车驾驶证。据此可知，只有公安机关交通管理部门有权扣留个人的机动车驾驶证，除此以外的其他单位和个人都不能扣留他人的机动车驾驶证。在上面的案例中，即使赵某没有钱付款，咖啡厅也不能扣留其驾驶证，这种行为是违法的。

法条链接

《中华人民共和国道路交通安全法》

第十九条第五款 公安机关交通管理部门以外的任何单位或者个人，不得收缴、扣留机动车驾驶证。

98. 司机边开车边录小视频发朋友圈，违法了吗?

情景再现

小娟是某学校的大学生。2019年7月，小娟在学校放暑假期间参加了驾驶资格证考试。考试通过后，小娟便开着父亲的车带着母亲回老家。在开车回去的路上，小娟看到家乡的景色非常美，便一边开车一边用手机拍小视频，并发到了朋友圈。小娟的妈妈告诉小娟，让她认真开车，不能三心二意，否则很容易发生交通事故。而小娟却说录小视频并不影响自己开车，而且这种行为也并不违法，她便继续边开车边用手机拍摄小视频。后来，小娟的行为被交警发现，交警对其进行了罚款。那么，机动车驾驶人员是否可以边开车边录小视频？这种行为是否违法？

以案说法

根据《道路交通安全法实施条例》第六十二条的规定，驾驶人员在驾驶机动车时不得有拨打接听手持电话、观看电视等妨碍安全驾驶的行为。由此可知，在驾驶机动车时不能有妨碍安全驾驶的行为。因为机动车驾驶需要驾驶员注意力高度集中，否则很容易引发交通事故。因此，驾驶员在驾驶机动车时，不能有接打手持电话、拍摄小视频等行为。在上面的案例中，小娟边开车边拍小视频的行为会分散其注意力，很容易造成交通事故。小娟的行为是违法的，交警对其进行处罚是正确的。

法条链接

《中华人民共和国道路交通安全法实施条例》

第六十二条 驾驶机动车不得有下列行为：

（一）在车门、车厢没有关好时行车；

（二）在机动车驾驶室的前后窗范围内悬挂、放置妨碍驾驶人视线的物品；

（三）拨打接听手持电话、观看电视等妨碍安全驾驶的行为；

……

99. “炸街”摩托车在深夜无人路段飙车，违法吗？

情景再现

张某是某小区居民，其平日里无所事事，非常喜欢飙车。由于其所居住的小区距离马路非常近，张某和几个朋友经常在深夜里没有人的路段骑着“炸街”摩托车飙车。由于张某等人深夜飙车噪音非常大，某小区的居民便向民警反映。一次，张某和几个朋友飙车时，被正在巡逻的交警发现，交警对张某等人进行批评，告诉张某等人飙车是违法的，严重的还可能构成犯罪，并对其作出行政罚款的决定。对此，张某等人非常不服气，认为他们是在深夜飙车，而且道路上也没有限速标志，并没有违法。那么，“炸街”摩托车在深夜无人路段飙车，驾驶员违法了吗?

以案说法

“炸街”摩托车在深夜无人路段飙车的行为是违法的。我国《道路交通安全法》第四十二条规定，机动车上道路行驶，不得超过限速标志标明的最高时速。在没有限速标志的路段，应当保持安全车速。夜间行驶或者在容易发生危险的路段行驶，以及遇有沙尘、冰雹、雨、雪、雾、结冰等气象条件时，应当降低行驶速度。据此可知，车辆在道路上行驶时，驾驶员应当将车速控制在一定范围内，按照道路标示的时速行驶，即使是在没有限速的路段，驾驶员也不能超速行驶或飙车。

在上面的案例中，张某等人虽然在没有限速的无人路段飙车，但是，他们的行为严重影响了附近居民的生活，并且其飙车行为很可能危害到自己和他人的生命安全。张某等人深夜飙车的行为是违法的。

法条链接

《中华人民共和国道路交通安全法》

第四十二条 机动车上道路行驶，不得超过限速标志标明的最高时速。在没有限速标志的路段，应当保持安全车速。

夜间行驶或者在容易发生危险的路段行驶，以及遇有沙尘、冰雹、雨、雪、雾、结冰等气象条件时，应当降低行驶速度。

100. 电动自行车在非机动车道行驶的最高时速是多少？

情景再现

钱某是某电子制造厂的员工，其原来一直骑自行车上下班。后来，在钱某生日时，他的女儿送给了他一辆电动自行车。于是钱某便开始骑电动车上下班。一天下班后，钱某急着去参加一个同学聚会，为了能够及时赶到，钱某便以20公里的时速骑电动车回家准备。然而，钱某在骑车回家的路上，被路边的交警拦了下来，交警称钱某是超速行驶。对此，钱某非常惊讶，其认为自己在非机动车道上行驶，应该是没有速度限制的。交警告诉钱某非机动车道也是有时速限制的。那么，在非机动车道上，骑电动车行驶的最高时速是多少？

以案说法

非机动车道也是有时速限制的。我国《道路交通安全法》第五十七条规定，驾驶非机动车在道路上行驶应当遵守有关交通安全的规定。非机动车应当在非机动车道内行驶；在没有非机动车道的道路上，应当靠车行道的右侧行驶。同时，该法第五十八条规定，残疾人机动轮椅车、电动自行车在非机动车道内行驶时，最高时速不得超过15公里。此外，《道路交通安全法实施条例》第七十条也明确规定了非机动车横过机动车道或者非机动车道被占用时的行驶标准。由此可知，电动自行车在非机动车道上行驶，也要遵守最高时速的限制，即不得超过 15 公里。

在上面的案例中，钱某在非机动车道上骑电动自行车，其时速是 20 公里，已经超过了法律规定的最高时速。所以，钱某超速行驶是违法的。

法条链接

《中华人民共和国道路交通安全法》

第五十七条　驾驶非机动车在道路上行驶应当遵守有关交通安全的规定。非机动车应当在非机动车道内行驶；在没有非机动车道的道路上，应当靠车行道的右侧行驶。

第五十八条　残疾人机动轮椅车、电动自行车在非机动车道内行驶时，最高时速不得超过十五公里。

《中华人民共和国道路交通安全法实施条例》

第七十条　驾驶自行车、电动自行车、三轮车在路段上横过机动车道，应当下车推行，有人行横道或者行人过街设施的，应当从人行横道或者行人过街设施通过；没有人行横道、没有行人过街设施或者不便使用行人过街设施的，在确认安全后直行通过。

因非机动车道被占用无法在本车道内行驶的非机动车，可以在受阻的路段借用相邻的机动车道行驶，并在驶过被占用路段后迅速驶回非机动车道。机动车遇此情况应当减速让行。

101. 可以醉酒骑自行车吗?

情景再现

2019年6月，范某从某大学毕业后，便在当地某公司找了一份工作。为了锻炼身体，范某一直骑自行车上下班。一天，范某的领导带他去参加一个客户组织的聚餐。聚餐时，范某为了替领导挡酒而喝醉了。在聚餐结束后，范某的领导准备开车送范某回家，但范某称自己要骑自行车回去，并且说法律并未禁止醉酒骑自行车。然而，范某醉酒骑车在路上被交警发现。交警拦住了范某，告诉范某醉酒骑自行车是违法的。范某认为交警是在吓唬自己。那么，是否可以醉酒骑自行车?

以案说法

根据我国《道路交通安全法实施条例》第七十二条的规定，在道路上驾驶自行车、三轮车、电动自行车、残疾人机动轮椅车不得醉酒驾驶。由此可知，即使是骑自行车，也不能醉酒驾驶。在日常生活中，我们都知道法律禁止醉酒后驾驶机动车，酒后驾车将承担相应的法律责任。但是，对于醉酒后是否能骑自行车，很多人却认为是可以的。其实这种想法是错误的。因为在醉酒后，人的意识往往处于不清醒状态，此时如果驾车或骑车上路极易引发交通事故，是非常危险的。因此，醉酒骑自行车也是我国法律所禁止的。在上面的案例中，范某在醉酒之后，是不能骑自行车的，交警的说法是正确的。

法条链接

《中华人民共和国道路交通安全法实施条例》

第七十二条　在道路上驾驶自行车、三轮车、电动自行车、残疾人机动轮椅车应当遵守下列规定：

（一）驾驶自行车、三轮车必须年满12周岁；

（二）驾驶电动自行车和残疾人机动轮椅车必须年满16周岁；

（三）不得醉酒驾驶；

……

102. 在开车过程中，可以向窗外扔垃圾吗？

情景再现

2019年5月，吴某开车带家人去附近的城市游玩。为了避免堵车，吴某和家人天还没有亮就出发了。因早上出发比较早，吴某的家人便在车上吃早餐。吃完早餐后，吴某的妻子觉得吃完东西的垃圾放在车上有异味，而当时又在高速公路上行驶，不能临时停车。于是，吴某的妻子便打开车窗，将垃圾都从车窗扔出去了。此时，吴某告诉妻子，向车外扔垃圾的行为是违法的。吴某的妻子却不以为然，觉得这种行为又没有什么影响，说吴某是小题大做。那么，吴某妻子的说法是否正确？在开车过程中，乘车人是否可以向窗外扔垃圾？这种行为是否违法？

以案说法

在现实生活中，车主、乘车人在车辆行驶过程中有时会向车外扔垃圾，如将饮料瓶、塑料袋等这些应该扔进垃圾桶的物品从车窗扔到了道路上。这种行为不仅破坏了环境卫生，增加了环卫工人的工作量和工作难度，也不利于车辆的安全行驶，影响其他车辆正常通行，带来交通安全隐患。对此，我国《道路交通安全法》第六十六条规定，乘车人不得携带易燃易爆等危险物品，不得向车外抛洒物品，不得有影响驾驶人安全驾驶的行为。因此，无论是车主还是乘车人，都不能在车辆行驶时向车窗外扔垃圾。本案中，吴某妻子的做法是违法的。

法条链接

《中华人民共和国道路交通安全法》

第六十六条 乘车人不得携带易燃易爆等危险物品，不得向车外抛洒物品，不得有影响驾驶人安全驾驶的行为。

103. 发生交通事故后，一方当事人故意破坏事故现场的，将要承担何种法律责任？

情景再现

一天，小云在开车上班的路上与对向骑摩托车行驶的曹某相撞，此次事故是由于对方骑摩托车超速行驶导致的。事故发生后，小云便拨打了交通管理部门的电话，请他们前来处理。在等待交警的过程中，曹某趁小云不注意将自己的摩托车推到了小云的汽车的左前方，故意破坏事故现场，将两人相撞变成小云的汽车追尾。在交警到来后，曹某称是小云追了自己的尾。对此，小云非常生气，向交警说明了情况。后来，交警调出了路口附近的视频监控，得知了事情的真相。那么，在发生交通事故后，一方当事人故意破坏事故现场的，将要承担何种法律责任？

以案说法

我国《道路交通安全法实施条例》第九十二条规定，发生交通事故后当事人逃逸的，逃逸的当事人承担全部责任。但是，有证据证明对方当事人也有过错的，可以减轻责任。当事人故意破坏、伪造现场、毁灭证据的，承担全部责任。可见，交通事故发生后，故意破坏事故现场的一方当事人承担全部责任。在现实生活中，当交通事故发生后，有的当事人为了逃避应负的责任，制造现场假象，故意破坏、伪造交通事故现场，以毁灭可能对自己不利的证据，避免自己承担法律责任。殊不知，这样做只会让自己承担更不利的法律后果。

在上面的案例中，曹某故意破坏交通事故现场，将责任转变为小云的责任，此种行为被交警发现后，无论在此次交通事故中由谁负主要责任，曹某都应当承担全部责任。

法条链接

《中华人民共和国道路交通安全法实施条例》

第九十二条 发生交通事故后当事人逃逸的，逃逸的当事人承担全部责任。但是，有证据证明对方当事人也有过错的，可以减轻责任。

当事人故意破坏、伪造现场、毁灭证据的，承担全部责任。

104. 多次转让但未过户的机动车发生事故时，应当由谁承担责任?

情景再现

张某是某村村民，一直从事长途运输。由于最近两年张某的生意非常好，因此，其准备换一辆新的轿车。在买了新车后，张某在朋友的介绍下，将原来的旧车卖给了徐某。由于当时张某着急去外地装货，就没有办理过户登记。徐某在买了轿车之后，因其儿子结婚，急需用钱，徐某又将车转让给了贺某。当时，双方也没有办理过户手续。贺某在开车时，因超速行驶发生交通事故。经过鉴定，贺某承担主要责任。此时，贺某认为自己的车没有过户，故不能只有他自己承担责任，要求徐某、张某一起承担责任。那么，多次转让但未过户的机动车发生事故时，应当由谁承担责任?

以案说法

《最高人民法院关于审理道路交通事故损害赔偿案件适用法律若干问题的解释》第二条规定，被多次转让但是未办理转移登记的机动车发生交通事故造成损害，属于该机动车一方责任，当事人请求由最后一次转让并交付的受让人承担赔偿责任的，人民法院应予支持。据此可知，经过多次转让的机动车在未办理所有权转移登记的情况下发生交通事故，由最后一次转让并交付的受让人承担赔偿责任。

在上面的案例中，贺某在开车过程中发生交通事故，虽然其所开车辆被多次转让且未办理登记手续，但是根据上述法律规定，应当由贺某承担赔偿责任。所以，贺某的说法是错误的，其不能要求徐某、张某承担责任。

法条链接

《最高人民法院关于审理道路交通事故损害赔偿案件适用法律若干问题的解释》

第二条 被多次转让但是未办理转移登记的机动车发生交通事故造成损害，属于该机动车一方责任，当事人请求由最后一次转让并交付的受让人承担赔偿责任的，人民法院应予支持。

105. 被多次转让的拼装机动车发生交通事故时，谁应该承担责任？

情景再现

方某非常喜欢组装车。一天，方某从两个朋友手里买了两辆轿车，但方某觉得这两辆轿车都不符合自己要求的性能。于是，方某便将这两辆轿车进行改装。在改装完成后，方某的朋友彭某看到之后非常喜欢，因此方某便将其中一辆转让给了彭某。彭某使用几个月后，因其父亲生病，急需用钱，就忍痛将车辆卖给了郑某。郑某在买了该车之后，也非常喜欢，觉得这辆车不仅外形酷，而且性能非常好。一次，郑某在开车回家的路上，因转弯非常急，与对方车辆相撞，发生交通事故。在此次事故中，郑某负主要责任。那么，被多次转让的拼装机动车发生交通事故时，谁应该承担责任？

以案说法

对于被多次转让的拼装机动车发生交通事故时的责任者，《最高人民法院关于审理道路交通事故损害赔偿案件适用法律若干问题的解释》第四条规定，拼装车、已达到报废标准的机动车或者依法禁止行驶的其他机动车被多次转让，并发生交通事故造成损害，当事人请求由所有的转让人和受让人承担连带责任的，人民法院应予支持。由此可见，买卖被多次转让的拼装机动车发生交通事故的，转让者和受让者承担连带责任。

在本案中，对于郑某开拼装车发生交通事故给对方造成的损害，首先应由保险公司在交强险限额范围内予以赔偿，如果保险不足以赔偿，则剩余部分由方某、彭某、郑某三人对交通事故承担连带责任。

法条链接

《最高人民法院关于审理道路交通事故损害赔偿案件适用法律若干问题的解释》

第四条　拼装车、已达到报废标准的机动车或者依法禁止行驶的其他机动车被多次转让，并发生交通事故造成损害，当事人请求由所有的转让人和受让人承担连带责任的，人民法院应予支持。

106. 在道路交通事故损害赔偿案件中，当事人能够直接向法院起诉吗？

情景再现

马某在高中毕业后，因没有考上大学便到某市打工。后来，经过马某的不断努力，其创业成功，赚了很多钱。马某经常加班，为了方便，便买了一辆轿车。一天，马某晚上加完班后，在开车回家的路上，因晚上视线较差，马某不慎将正在过马路的曾某撞倒。事故发生后，没有经过交管部门的调解，曾某便准备直接将马某起诉到法院。马某得知该消息后，认为双方没有经过交管部门的调解，曾某就提起诉讼，法院是不会受理的。那么，在道路交通事故损害赔偿案件中，当事人能够直接向法院起诉吗？

以案说法

关于道路交通事故损害赔偿纠纷的解决方式，我国《道路交通安全法》第七十四条规定，对交通事故损害赔偿的争议，当事人可以请求公安机关交通管理部门调解，也可以直接向人民法院提起民事诉讼。经公安机关交通管理部门调解，当事人未达成协议或者调解书生效后不履行的，当事人可以向人民法院提起民事诉讼。据此可知，道路交通事故损害赔偿纠纷解决方式有：（1）请求公安机关交通管理部门调解；（2）直接提起民事诉讼；（3）先选择调解，调解不成再向法院起诉。即调解并不是提起诉讼的前置条件。本案中，曾某作为受害人在发生交通事故后，可以直接向法院提起诉讼。

法条链接

《中华人民共和国道路交通安全法》

第七十四条 对交通事故损害赔偿的争议，当事人可以请求公安机关交通管理部门调解，也可以直接向人民法院提起民事诉讼。

经公安机关交通管理部门调解，当事人未达成协议或者调解书生效后不履行的，当事人可以向人民法院提起民事诉讼。

第十章　看病就医法律知识

107. 手术后出现后遗症是否属于医疗事故？应如何处理？

● 情景再现

赵某是一位二十出头的小伙子，热爱运动，在同龄人中是小有名气的运动健将。在一次篮球比赛中，赵某发生意外，腿部骨折，朋友紧急将赵某送到最近的医院。医生对赵某进行检查后称需要进行手术，并告知赵某术后可能发生的后遗症，赵某同意并签署手术同意书。术后医生告诉赵某要在家休养，短时间内不要运动。但赵某运动心切，在家待不下去，没有好好卧床休养，不久后他发现自己的骨折部位经常疼痛，而且还有些僵硬。医生规定的休养时间期满后，赵某腿部仍然僵硬，再也不能像以前一样无所顾忌的运动了。赵某找到主治医生，认为医生手术失败，属于医疗事故，而医生则认为这是正常的手术后遗症，因人而异，需要病人自己进行保养和康复训练。那么，手术后出现后遗症是否属于医疗事故？应如何处理？

以案说法

赵某手术后出现的腿部僵硬和疼痛应当属于正常的手术后遗症，任何手术都不能保证术后恢复如初，赵某就此认为其后遗症属于医疗事故是不恰当的。手术后遗症是否属于医疗事故，关键在于该后遗症是否由医务人员的过错导致。我国《医疗事故处理条例》第三十三条对不属于医疗事故的情形进行了规定，其中第三种情形为“在现有医学科学技术条件下，发生无法预料或者不能防范的不良后果的”。

在本案中，医生术前已经告知赵某手术可能引起的后遗症，并且赵某的疼痛和僵硬现象就目前医疗水平来讲是不能完全避免的，属于《医疗事故处理条例》第三十三条规定的第三种情形。若医生在整个手术过程中没有存在过错，则不能认定该后遗症属于医疗事故，医院和医生无须承担责任。

实践中，若双方对于是否构成医疗事故存在争议，可以进行专业鉴定，患者可向卫生行政部门申请鉴定，或者与医院共同委托负责医疗事故技术鉴定工作的医学会组织鉴定。

法条链接

《医疗事故处理条例》

第二十条 卫生行政部门接到医疗机构关于重大医疗过失行为的报告或者医疗事故争议当事人要求处理医疗事故争议的申请后，对需要进行医疗事故技术鉴定的，应当交由负责医疗事故技术鉴定工作的医学会组织鉴定；医患双方协商解决医疗事故争议，需要进行医疗事故技术鉴定的，由双方当事人共同委托负责医疗事故技术鉴定工作的医学会组织鉴定。

第三十三条 有下列情形之一的，不属于医疗事故：

（一）在紧急情况下为抢救垂危患者生命而采取紧急医学措施造成不良后果的；

（二）在医疗活动中由于患者病情异常或者患者体质特殊而发生医疗意外的；

（三）在现有医学科学技术条件下，发生无法预料或者不能防范的不良后果的；

（四）无过错输血感染造成不良后果的；

（五）因患方原因延误诊疗导致不良后果的；

（六）因不可抗力造成不良后果的。

108. 在什么情况下，医疗事故会构成犯罪？

情景再现

2017 年 9 月，赵某因咽喉肿痛、咳嗽到县医院门诊就诊，当值医生为韩医生。经诊断，韩医生给赵某开了感冒清热颗粒以及肌肉注射青霉素进行治疗。韩医生当时着急下班，便问韩某有没有注射过青霉素，如果注射过不过敏的话就不做皮试进行过敏试验了。赵某称之前注射过，不过敏，于是韩医生为了缩短就诊时间及时下班便直接给赵某注射了青霉素。但刚刚注射完，赵某就出现了胸闷、呼吸困难等过敏反应。经过抢救，赵某仍因心脏骤停而死亡。赵某的家属将韩医生告上法庭，认为韩医生在就诊过程中严重失职造成医疗事故，是导致赵某死亡的直接原因。那么，在什么情况下医疗事故会构成犯罪？本案中，韩医生是否构成犯罪？

以案说法

实践中，因医疗事故引起的纠纷屡见不鲜，通常都要由责任人进行赔偿，如医院要对患者的各项损失进行赔偿，直接负责的医务人员可能承担行政责任或者纪律责任。其实，医务人员因严重不负责任给就诊人造成损害的，还可能构成犯罪。我国《刑法》第三百三十五条规定了医疗事故罪，即“医务人员由于严重不负责任，造成就诊人死亡或者严重损害就诊人身体健康的，处三年以下有期徒刑或者拘役”。由此可以看出，医疗事故罪的犯罪主体是医务人员，即经过考核和卫生行政部门的批准、承认取得相应资格的各级、各类卫生技术人员；主观方面应当是存在过失，并非故意伤害就诊人，而是由于不负责任而违反诊疗护理常规，并造成就诊人死亡或者严重损害患者身体健康。

在上述案例中，韩医生因为下班心切，在没有进行过敏试验的情况下直接给赵某注射青霉素，不符合诊疗护理规范，属于严重不负责任的行为，并且造成了赵某死亡的后果，因此应当构成医疗事故罪。

法条链接

《医疗事故处理条例》

第二条 本条例所称医疗事故，是指医疗机构及其医务人员在医疗活动中，违反医疗卫生管理法律、行政法规、部门规章和诊疗护理规范、常规，过失造成患者人身损害的事故。

第五十三条 卫生行政部门的工作人员在处理医疗事故过程中违反本条例的规定，利用职务上的便利收受他人财物或者其他利益，滥用职权，玩忽职守，或者发现违法行为不予查处，造成严重后果的，依照刑法关于受贿罪、滥用职权罪、玩忽职守罪或者其他有关罪的规定，依法追究刑事责任；尚不够刑事处罚的，依法给予降级或者撤职的行政处分。

《中华人民共和国刑法》

第三百三十五条 医务人员由于严重不负责任，造成就诊人死亡或者严重损害就诊人身体健康的，处三年以下有期徒刑或者拘役。

109. 对于危重患者，医院能否拒绝诊治?

情景再现

小明今年8岁。周末一人去附近的公园玩耍，他在玩滑板车的时候不小心跌倒，头磕到了路边的石头上，血流不止，当场昏迷。公园里的路人随即将其送往医院进行急救。到了医院，经向好心路人核实，病危的小明并没有家属在身边，身上也没有可以证实身份的物品。医生考虑到小明病情危重，担心手术出现意外后家属闹事，于是，为了避免不必要的纠纷，医院告知送医的路人小明已无抢救必要，放弃了救治。最终，小明因头部失血过多去世。事后，小明的父母找到医院，向医院提出了索赔请求，理由是医院拒绝对危重的小明进行抢救，造成小明死亡，已经构成了医疗事故。那么，医院是否有权对危重病人拒绝收治呢？

以案说法

我国《执业医师法》第二十四条及《医疗机构管理条例》第三十一条都明确了医院对病人的救治义务。救死扶伤是医生的职责所在，因此医院无权拒绝收治危重病人。一旦医院拒绝对危重病人实施急救处置，造成严重后果，医院需要承担相应的责任。《医疗事故处理条例》对于医院拒绝对危重病人实施急救处置造成病人死亡是否属于医疗事故这个问题并没有作出明确具体的规定，但在司法实践中，此种情况一般按不作为引起的医疗事故处理。实践中，不作为的医疗事故是指本有义务收治患者，因没有收治而导致患者人身损害的事故。

本案中，医院对于危重的小明有救治的义务，不得拒绝收治。因此，医院拒绝收治小明而造成小明死亡的后果，属于怠于履行义务的情形，应按医疗事故给予赔偿。

法条链接

《中华人民共和国执业医师法》

第二十四条　对急危患者，医师应当采取紧急措施进行诊治；不得拒绝急救处置。

《医疗机构管理条例》

第三十一条　医疗机构对危重病人应当立即抢救。对限于设备或者技术条件不能诊治的病人，应当及时转诊。

110. 发生医疗事故后，医院能否与患者私下协商处理？

情景再现

范某今年35岁，是一家上市公司的员工，平时工作很忙，经常加班。近日，范某经常感到头晕、恶心，而且脱发严重，整个人很没精神。于是，范某到医院做了全身检查。经过诊断，医院告知范某，其身体各项指标均无异样，只是睡眠不足，需要多休息。范某确定身体无异样后，松了一口气，又投入到了繁忙的工作。一个月后，范某在工作中晕倒，被紧急送医。医生对范某进行了细致的检查后得出结论，之前的检查对范某误诊，其实范某脑部患有恶性肿瘤，且已经是晚期，已耽误了最佳治疗时期。范某的家人到医院讨说法，认为医生误诊导致范某错失救治良机，应对范某进行赔偿。那么，医院能否与患者私下协商赔偿？

以案说法

出现医疗事故后，医院与患者可以就赔偿问题进行协商解决，这是《医疗事故处理条例》第四十六条规定的解决医疗事故赔偿问题的合法途径之一，医患双方还可以就该问题申请调解、提起诉讼。当然协商解决并不意味着完全“私了”，而是需要有书面文件作为保障。《医疗事故处理条例》第四十七条明确规定，双方当事人协商解决医疗事故的赔偿等民事责任争议的，应当制作协议书。协议书的内容包括双方当事人的基本情况和医疗事故的原因、双方当事人共同认定的医疗事故等级以及协商确定的赔偿数额等，并由双方当事人在协议书上签名。

本案中，医院误诊导致范某病情未被及时发现，耽误最佳救治时期，故家属有权要求医院进行赔偿。范某家属可以与医院协商赔偿事宜，协商一致后，需要签订书面协议。

法条链接

《医疗事故处理条例》

第四十六条 发生医疗事故的赔偿等民事责任争议，医患双方可以协商解决；不愿意协商或者协商不成的，当事人可以向卫生行政部门提出调解申请，也可以直接向人民法院提起民事诉讼。

第四十七条 双方当事人协商解决医疗事故的赔偿等民事责任争议的，应当制作协议书。协议书应当载明双方当事人的基本情况和医疗事故的原因、双方当事人共同认定的医疗事故等级以及协商确定的赔偿数额等，并由双方当事人在协议书上签名。

111. 对医学会出具的医疗鉴定结论不服，可以采取哪些救济措施？

情景再现

方某和妻子结婚三年，今年终于迎来了新生命。孩子出生时非常健康，身体无任何异常。但是出生后 10 个小时，医生就通知方某孩子因肠道病毒感染转入 ICU 重症监护病房抢救。一天后，孩子去世。后来，经方某多方调查，怀疑这是一起由肠道病毒引起、医院处理不当造成的医疗事故。于是，方某在和医院协商后共同委托市医学会进行医疗事故技术鉴定。很快，市医学会出具了鉴定书，鉴定结论为医院不存在救治疏漏，方某孩子的死亡不构成医疗事故。方某及家人对该鉴定结论有异议，其可以采取哪些救济措施？

以案说法

为了正确处理医疗事故，保护患者和医疗机构及其医务人员的合法权益，我国《医疗事故处理条例》第二十二条明确规定："当事人对首次医疗事故技术鉴定结论不服的，可以自收到首次鉴定结论之日起 15 日内向医疗机构所在地卫生行政部门提出再次鉴定的申请。"由此可知，当事人不服首次医疗事故技术鉴定结论，可以选择的救济途径是，自收到首次鉴定结论之日起 15 日内向医疗机构所在地卫生行政部门提出再次鉴定。需要注意的是，该规定所说的 15 日的起算点是从当事人收到鉴定结论的次日，而非从收到鉴定结论的当日。

本案中，方某对市医学会出具的首次鉴定结论不服，其可以按照上述规定提出再次鉴定的申请。

法条链接

《医疗事故处理条例》

第二十二条 当事人对首次医疗事故技术鉴定结论不服的，可以自收到首次鉴定结论之日起15日内向医疗机构所在地卫生行政部门提出再次鉴定的申请。

112. 医疗事故损害赔偿都包括哪些?

情景再现

2019年4月，封某因突发呕吐、神志恍惚，到省医院心内科住院治疗。值班护士在没有任何医嘱和检查结果的情况下，直接给封某服用了别人的药。封某马上就出现异常反应，头痛、恶心、呕吐加剧、咯血，后经多次开颅手术、一次气管切开手术等，颅内出血基本控制住了，但是封某的肢体和语言表达能力均受影响，成了生活起居都需要别人照顾的半个植物人。封某家人认为医院存在严重过失，已经构成医疗事故，应当承担医疗事故损害赔偿。那么，封某可以得到哪些方面的赔偿，赔偿标准是什么？

以案说法

当前，在医疗事故发生后，医疗机构不仅要承担相应的刑事和行政处罚，还要依法承担损害赔偿的民事责任，对患者及其家属进行赔偿。赔偿的范围和标准是很关键的问题。《医疗事故处理条例》第五十条对此有明确规定，医疗事故赔偿，按照下列项目和标准计算：

（1）医疗费：按照医疗事故对患者造成的人身损害进行治疗所发生的医疗费用计算，凭据支付，但不包括原发病医疗费用。结案后确实需要继续治疗的，按照基本医疗费用支付。

（2）误工费：患者有固定收入的，按照本人因误工减少的固定收入计算，对收入高于医疗事故发生地上一年度职工年平均工资 3 倍以上的，按照 3 倍计算；无固定收入的，按照医疗事故发生地上一年度职工年平均工资计算。

（3）住院伙食补助费：按照医疗事故发生地国家机关一般工作人员的出差伙食补助标准计算。

（4）陪护费：患者住院期间需要专人陪护的，按照医疗事故发生地上一年度职工年平均工资计算。

（5）残疾生活补助费：根据伤残等级，按照医疗事故发生地居民年平均生活费计算，自定残之月起最长赔偿 30 年；但是，60 周岁以上的，不超过 15 年；70 周岁以上的，不超过 5 年。

（6）残疾用具费：因残疾需要配置补偿功能器具的，凭医疗机构证明，按照普及型器具的费用计算。

（7）丧葬费：按照医疗事故发生地规定的丧葬费补助标准计算。

（8）被扶养人生活费：以死者生前或者残疾者丧失劳动能力前实际扶养且没有劳动能力的人为限，按照其户籍所在地或者居所地居民最低生活保障标准计算。对不满16周岁的，扶养到16周岁。对年满16周岁但无劳动能力的，扶养20年；但是，60周岁以上的，不超过15年；70周岁以上的，不超过5年。

（9）交通费：按照患者实际必需的交通费用计算，凭据支付。

（10）住宿费：按照医疗事故发生地国家机关一般工作人员的出差住宿补助标准计算，凭据支付。

（11）精神损害抚慰金：按照医疗事故发生地居民年平均生活费计算。造成患者死亡的，赔偿年限最长不超过6年；造成患者残疾的，赔偿年限最长不超过3年。

通过上述规定可知，我国《医疗事故处理条例》中对医疗事故损害赔偿事项的规定多达11条，患者及其家属应根据自身情况，索要相应赔偿，以此来保护自己的权益。

本案中，封某作为医疗事故的受害者，可以根据自己的情况，向医院提出合理的赔偿请求，如医疗费、误工费、住院伙食补助费、住宿费、精神损害赔偿金等。

法条链接

《医疗事故处理条例》

第五十条 医疗事故赔偿，按照下列项目和标准计算：

（一）医疗费：按照医疗事故对患者造成的人身损害进行治疗所发生的医疗费用计算，凭据支付，但不包括原发病医疗费用。结案后确实需要继续治疗的，按照基本医疗费用支付。

……

（十一）精神损害抚慰金：按照医疗事故发生地居民年平均生活费计算。造成患者死亡的，赔偿年限最长不超过 6 年；造成患者残疾的，赔偿年限最长不超过 3 年。

113. 药房工作人员是否有权建议患者更换处方药？

情景再现

潘某是一名作家，最近经常感到神经衰弱、浑身乏力，于是到医院进行检查。医生给潘某开了一张处方，让潘某拿着处方到医院附近的药房买药。潘某到了药房，药房工作人员表示潘某处方上的药缺货，需要时间去调货。在潘某等待调货的过程中，另一位药房人员主动找到潘某，向其推荐一款安神的药，表示这款药完全可以替代处方上的药，而且效果更好、治疗范围更广，现在购买还有优惠活动。潘某觉得自己购买的是处方药，不能随便更换，便拒绝了药房人员的推荐。那么，药房工作人员是否有权建议患者更换处方药？

以案说法

首先，需要明确的是，处方药是必须凭执业医师和助理执业医师开具的处方才可以购买、调配和使用的药品，为了保证用药的安全和有效，不得随意更换。我国《药品管理法》第五十八条第一款对此也有规定，“药品经营企业销售药品应当准确无误，并正确说明用法、用量和注意事项；调配处方应当经过核对，对处方所列药品不得擅自更改或者代用。对有配伍禁忌或者超剂量的处方，应当拒绝调配；必要时，经处方医师更正或者重新签字，方可调配。”因此，药房工作人员无权对处方所列药品进行擅自更改或者代用。其次，在遇到处方药在药房没有出售的情况时，能否更换别的药，是需要询问开处方的医师的，只有医师同意更正药方，才可更换其他药品。

本案中，药房工作人员建议潘某更换处方药是违反法律规定的。如确需更换药物，也需要医师的同意，在其指导下更换处方。

法条链接

《中华人民共和国药品管理法》

第五十八条 药品经营企业销售药品应当准确无误，并正确说明用法、用量和注意事项；调配处方应当经过核对，对处方所列药品不得擅自更改或者代用。对有配伍禁忌或者超剂量的处方，应当拒绝调配；必要时，经处方医师更正或者重新签字，方可调配。

药品经营企业销售中药材，应当标明产地。

依法经过资格认定的药师或者其他药学技术人员负责本企业的药品管理、处方审核和调配、合理用药指导等工作。

114. 药房擅自提高药品价格的行为是否合法?

情景再现

某企业新上市一款抗流感胶囊，对于病毒性流感有很好的防御作用，定价为28元，各药房一直按照该价格销售。2020年1月，各地开始爆发病毒性的流感，人们为了增强自身抵御病毒的能力，纷纷到各大药房抢购该产品。一时间内，全市药房的该药品都被抢购一空。该企业迅速扩大生产，以应对急剧增加的需求量。考虑到供不应求的现状和人们疯狂的购买欲望，为了追求利益，药房将药品价格提高为108元。那么，药店的这种提高卖价的行为是否合法呢?

以案说法

本案中，药房为了牟取暴利，擅自提高药品价格，该行为是违法的。《药品管理法》第八十五条明确规定：“依法实行市场调节价的药品，药品上市许可持有人、药品生产企业、药品经营企业和医疗机构应当按照公平、合理和诚实信用、质价相符的原则制定价格，为用药者提供价格合理的药品。药品上市许可持有人、药品生产企业、药品经营企业和医疗机构应当遵守国务院药品价格主管部门关于药品价格管理的规定，制定和标明药品零售价格，禁止暴利、价格垄断和价格欺诈等行为。”由此可知，药品价格的确定要遵循公平和诚实信用的原则，在药品各项成本未明显提高的情况下，即便是面对供求不平衡的情况，大幅度提高药品价格仍然是违反法律规定的，药房并没有权利擅自更改药品的价格。

法条链接

《中华人民共和国药品管理法》

第八十五条 依法实行市场调节价的药品，药品上市许可持有人、药品生产企业、药品经营企业和医疗机构应当按照公平、合理和诚实信用、质价相符的原则制定价格，为用药者提供价格合理的药品。

药品上市许可持有人、药品生产企业、药品经营企业和医疗机构应当遵守国务院药品价格主管部门关于药品价格管理的规定，制定和标明药品零售价格，禁止暴利、价格垄断和价格欺诈等行为。

115. 哪些药品不属于基本医疗保险用药范围?

情景再现

小黄结婚后准备要孩子，但是她的身体比较虚弱，常有气虚、贫血、手脚冰凉的症状。为此，小黄到处寻医问药，然而身体并没有调理好。这时，小黄的一位同事推荐她尝试一款滋阴补血的药剂，说有很好的功效，各大药房都有出售。于是，小黄就到离家近的一家市基本医疗保险定点药房去购买该款药剂。药房工作人员将药剂递给小黄后，小黄想要刷医保卡付款，但药房人员说该药剂并不属于基本医疗保险用药范围，不能刷卡支付。那么，药房的做法是否正确？哪些药品不属于基本医疗保险用药范围？

以案说法

药房拒绝小黄用医保卡支付的行为是正确的。城镇职工基本医疗保险作为我国医疗保险之一，是为补偿劳动者因疾病遭受经济损失而建立的一项社会保险制度，目的是避免或减轻劳动者因患病、治疗等所承受的经济风险。但并非所有的药品都可以纳入基本医疗保险范围内。我国《城镇职工基本医疗保险用药范围管理暂行办法》第四条对不能纳入基本医疗保险用药的范围进行了明确规定，包括：主要起营养滋补作用的药品；部分可以入药的动物及动物脏器，干（水）果类；用中药材和中药饮片泡制的各类酒制剂；各类药品中的果味制剂、口服泡制剂；血液制品、蛋白类制品（特殊适应症与急救、抢救除外）；劳动保障部规定基本医疗保险基金不予支付的其他药品。

本案中，小黄所购买的滋阴补血药剂是主要起营养滋补作用的药品，属于不能纳入基本医疗保险用药范围的药品。因此，药房有权拒绝小黄用基本医疗保险刷卡的方式支付，小黄应采取其他方式支付。

法条链接

《城镇职工基本医疗保险用药范围管理暂行办法》

第四条　以下药品不能纳入基本医疗保险用药范围：

（一）主要起营养滋补作用的药品；

（二）部分可以入药的动物及动物脏器，干（水）果类；

（三）用中药材和中药饮片泡制的各类酒制剂；

（四）各类药品中的果味制剂、口服泡制剂；

（五）血液制品、蛋白类制品（特殊适应症与急救、抢救除外）；

（六）劳动保障部规定基本医疗保险基金不予支付的其他药品。

116. 需要急救但无力支付的危重病人能否得到救助？

情景再现

某日，胡某生下一对双胞胎。正当胡某及家人欢呼雀跃的时候，医生告诉胡某，两个孩子患有先天性心脏病，存活概率很小，需要长期住院观察。胡某和家人为了救治两个刚出生的孩子，到处找亲戚朋友借钱。由于孩子病情十分严重，手术费用昂贵，家里筹措的医疗费很快就被花完了。为了救治病危的孩子，医院的医生为胡某的孩子又制定了一套切实可行的手术计划，需要手术费10万元。但此时，胡某和家人已经没有办法筹集足够的钱为孩子做手术了，事情陷入了一筹莫展的境地。这时，医生向胡某建议，可以申请医疗救助。那么，需要急救但无力支付的危重病人能否得到救助呢？

以案说法

近年来，一些地方经常出现患者因缺乏资金而得不到及时救治、最终丧命的情况。为了防止这样的情况再度出现，切实保护人民的生命健康，我国《社会救助暂行办法》第三十二条明确规定，国家建立疾病应急救助制度，对需要急救但身份不明或者无力支付急救费用的急重危伤病患者给予救助。符合规定的急救费用由疾病应急救助基金支付。根据该条规定，需要急救但身份不明或者无力支付急救费用的急重危伤病患者可以申请疾病应急救助。

本案中，胡某的双胞胎孩子患有严重心脏病，需要急救，但是目前已经无力支付治疗费用，符合该条法律规定的情形，因此，胡某可以申请疾病应急救助，请求疾病应急救助基金支付规定的急救费用。

法条链接

《社会救助暂行办法》

第三十二条 国家建立疾病应急救助制度，对需要急救但身份不明或者无力支付急救费用的急重危伤病患者给予救助。符合规定的急救费用由疾病应急救助基金支付。

疾病应急救助制度应当与其他医疗保障制度相衔接。

117. 120急救车是怎样安排救治医院的？患者能否自己指定医院？

情景再现

小邹是一名外卖配送员，为了多挣钱，每天都是早出晚归，不停奔波。一天深夜，在连续工作10小时后，小邹抢到一个加急的大订单任务。在派送途中，小邹由于驾驶电动车速度较快，在拐弯过程中未能及时避让对向车辆，被撞倒在地，腿部受伤严重。路人见状，拨打了120急救电话。几分钟后，急救车赶到。医护人员对小邹伤情进行紧急处理后将其抬至救护车，准备将其送往最近的市骨科医院。这时，小邹表示想去自己家附近的相对较远的市人民医院就诊。那么，这种情况下，120急救车应当把患者带到哪家医院？患者是否有权指定医院？

以案说法

院前医疗急救是在患者送达医疗机构救治前，在医疗机构外开展的，以现场抢救、转运途中紧急救治以及监护为主的医疗活动。作为社会保障体系的重要组成部分，院前医疗急救在满足人民群众日常医疗急救需求等方面发挥了不可替代的作用。同时，对患者进行入院前的救治也是120急救工作人员的职责之一。针对医疗机构的选择问题，《院前医疗急救管理办法》第二十三条规定，急救中心（站）和急救网络医院应当按照就近、就急、满足专业需要、兼顾患者意愿的原则，将患者转运至医疗机构救治。

在本案中，120急救中心在选择医疗机构时要遵守就近、就急、满足专业需要的原则，同时要兼顾患者意愿。面对小邹的要求，医护人员要将具体病情向其说明，并告知其救治时间的重要性，采取最有利于抢救患者的救治措施。

法条链接

《院前医疗急救管理办法》

第二十三条 急救中心（站）和急救网络医院应当按照就近、

就急、满足专业需要、兼顾患者意愿的原则，将患者转运至医疗机构救治。

118. 救护车因费用问题而耽误急救的，应承担怎样的法律后果?

情景再现

晚上10点，朱某开车和妻子正在回家途中。在经过一个十字路口转弯时，对面突然冲出一辆大货车，朱某避让不及，两车发生严重碰撞，导致朱某妻子当场昏迷，朱某头部受伤。后大货车逃逸。朱某紧急拨打了120急救中心的电话并报警。10分钟后，急救车和警察赶到。救护人员查看了朱某和朱某妻子的伤情后表示需要朱某先支付急救车费用200元。而朱某此时已经意识不清，无法支付，救护人员表示等警察联系上朱某家属支付了费用之后再开车送他们到医院。半个小时过去，朱某家人赶到，救护车才前往医院。此时，朱某妻子已经头部失血过多，导致严重的脑损伤。那么，救护车因费用问题而耽误急救的，应承担怎样的法律后果?

以案说法

院前医疗急救是由政府主办的、非营利性的公益事业，为社会提供基本医疗服务和公共卫生服务，是社会保障体系的重要组成部分。由于涉及救护车出动的费用及相关药品费用，急救中心有权对院前医疗救助服务收取一定费用。但是，根据《院前医疗急救管理办法》第二十五条规定，急救中心（站）和急救网络医院按照国家有关规定收取院前医疗急救服务费用，不得因费用问题拒绝或者延误院前医疗急救服务。因此，费用的收取是合理合法的，但不得因费用问题拒绝或者延误院前医疗急救服务，否则就是违法的，要承担相应的法律责任。根据《院前医疗急救管理办法》第三十七条的规定，急救中心（站）因指挥调度或者费用等因素拒绝、推诿或者延误院前医疗急救服务的，由县级以上地方卫生计生行政部门责令改正、通报批评、给予警告；对直接负责的主管人员和其他直接责任人员，根据情节轻重，依法给予警告、记过、降低岗位等级、撤职、开除等处分。

本案中，救护人员在朱某和妻子急需送医抢救的情况下，因救护车费用问题未及时将患者送至医院，导致患者病情延误，违反了法律规定。此时，主管部门应当根据《院前医疗急救管理办法》第三十七条规定，视情节轻重，对机构及相关负责人给予处分。

法条链接

《院前医疗急救管理办法》

第二十五条 急救中心（站）和急救网络医院按照国家有关规定收取院前医疗急救服务费用，不得因费用问题拒绝或者延误院前医疗急救服务。

第三十七条 医疗机构有下列情形之一的，由县级以上地方卫生计生行政部门责令改正、通报批评、给予警告；对直接负责的主管人员和其他直接责任人员，根据情节轻重，依法给予警告、记过、降低岗位等级、撤职、开除等处分：

……

（三）急救中心（站）因指挥调度或者费用等因素拒绝、推诿或者延误院前医疗急救服务的；

（四）违反本办法其他规定的。

119. 其他乘客能否拒绝让已做好防护的疑似传染病病人上高铁？

情景再现

2020 年 2 月，身为护士的李某为了响应国家的号召，前往肺炎疫情最为严重、医护人员最为急缺的 X 市医院支援。疫情期间，李某悉心照料每个病人，直到两个月后，最后一个病人康复出院。这时，李某感觉自己疑似被感染传染性肺炎，为了尽快得到更好的治疗，医院安排李某乘坐高铁前往 Y 市。李某深知自己有传染风险，全身做好了周全的防护，并且提前向高铁列车进行了报备，并申请了隔离间。上车前，有两位乘客看到李某浑身包裹严实，怀疑其身患严重传染病，拒绝其上高铁。那么，其他乘客能否拒绝让已做好防护的疑似传染病病人上高铁？

以案说法

其他乘客拒绝让已做好防护的疑似传染病病人上高铁，是违法的。《传染病防治法》第十六条第一款明确规定：“国家和社会应当关心、帮助传染病病人、病原携带者和疑似传染病病人，使其得到及时救治。任何单位和个人不得歧视传染病病人、病原携带者和疑似传染病病人。”从该规定可知，传染病病人、病原携带者和疑似传染病病人是受法律保护的，应当得到国家和社会的关心与帮助，有权得到及时的治疗，任何单位和个人以任何形式歧视他们都是违反法律规定的。

在本案中，李某疑似患有传染性肺炎，为了得到更好的救治需乘坐高铁。在已经做好周全防护，且已申请隔离间的情况下，李某应当得到其他乘客的关心和帮助，而其他乘客不应当拒绝让李某乘坐高铁。其他乘客若担心被传染，可以要求乘务人员做好列车的消毒和隔离工作。

法条链接

《中华人民共和国传染病防治法》

第十六条第一款 国家和社会应当关心、帮助传染病病人、病原携带者和疑似传染病病人，使其得到及时救治。任何单位和个人不得歧视传染病病人、病原携带者和疑似传染病病人。

第十一章　违法犯罪法律知识

120. 猎捕、杀害国家重点保护野生动物，将受到怎样的处罚？

情景再现

杨某是某村的村民。杨某和好友龙某想尝点新鲜的，于是相约去打野味。2020 年 6 月的一天，龙某携带着一把气枪和若干子弹，杨某开着越野车，两人从杨某山下的家里出发，去山里打猎。龙某猎捕了红隼 2 只、雉鸡 1 只后，和杨某开车离开。在离开的路上，被当地的民警查获。那么，龙某和杨某猎捕国家重点保护野生动物，将受到怎样的处罚呢？

以案说法

根据我国《国家重点保护野生动物名录》的规定，红隼属于国家二级保护动物，雉鸡属于国家保护的有益的或者有重要经济、科学研究价值的陆生野生动物。对于猎捕国家保护动物的行为，我国《刑法》第三百四十一条有明确规定：“非法猎捕、杀害国家重点保护的珍贵、濒危野生动物的，或者非法收购、运输、出售国家重点保护的珍贵、濒危野生动物及其制品的，处五年以下有期徒刑或者拘役，并处罚金；情节严重的，处五年以上十年以下有期徒刑，并处罚金；情节特别严重的，处十年以上有期徒刑，并处罚金或者没收财产。"同时，《全国人民代表大会常务委员会关于全面禁止非法野生动物交易、革除滥食野生动物陋习、切实保障人民群众生命健康安全的决定》第一条规定："凡《中华人民共和国野生动物保护法》和其他有关法律禁止猎捕、交易、运输、食用野生动物的，必须严格禁止。对违反前款规定的行为，在现行法律规定基础上加重处罚。"所以，对非法猎捕、杀害野生动物的，将在五年以下有期徒刑或者拘役，并处罚金的基础上加重处罚，情节严重的，受到的刑罚更加严重。

在上面的案例中，杨某和龙某非法猎捕国家二级保护动物，已经触犯了刑法的规定，会受到五年以下有期徒刑或者拘役并处罚金的刑事制裁。

法条链接

《中华人民共和国刑法》

第三百四十一条第一款 非法猎捕、杀害国家重点保护的珍贵、濒危野生动物的，或者非法收购、运输、出售国家重点保护的珍贵、濒危野生动物及其制品的，处五年以下有期徒刑或者拘役，并处罚金；情节严重的，处五年以上十年以下有期徒刑，并处罚金；情节特别严重的，处十年以上有期徒刑，并处罚金或者没收财产。

《全国人民代表大会常务委员会关于全面禁止非法野生动物交易、革除滥食野生动物陋习、切实保障人民群众生命健康安全的决定》

一、凡《中华人民共和国野生动物保护法》和其他有关法律禁止猎捕、交易、运输、食用野生动物的，必须严格禁止。

对违反前款规定的行为，在现行法律规定基础上加重处罚。

121. 网店售卖伪劣的防疫物品，会承担何种责任？

情景再现

2020年初，武汉爆发了新型冠状病毒肺炎。袁某瞅准市场上对医用口罩的需求量大，低价进购日常防护口罩（非医用外科口罩），将日常防护口罩标识为符合国家标准的医用外科口罩，在淘宝上架进行售卖。顾先生在淘宝下单购买了袁某店铺中的50个口罩。收到货后，顾先生发现，袁某店铺的口罩根本不是医用外科口罩，防护效果和自己想的完全不一样，于是顾先生向公安机关举报了袁某的店铺。那么，袁某在网店卖伪劣的防疫物品，会承担何种责任呢？

以案说法

根据《刑法》第一百四十五条的规定："生产不符合保障人体健康的国家标准、行业标准的医疗器械、医用卫生材料，或者销售明知是不符合保障人体健康的国家标准、行业标准的医疗器械、医用卫生材料，足以严重危害人体健康的，处三年以下有期徒刑或者拘役，并处销售金额百分之五十以上二倍以下罚金；对人体健康造成严重危害的，处三年以上十年以下有期徒刑，并处销售金额百分之五十以上二倍以下罚金；后果特别严重的，处十年以上有期徒刑或者无期徒刑，并处销售金额百分之五十以上二倍以下罚金或者没收财产。”如果在网店中销售不符合国家标准的、伪劣的医用口罩、医用酒精等防疫物资，足以严重危害人体健康的，将构成生产、销售不符合标准的医用器材罪，受到刑事处罚。

在上面的案例中，袁某明知道自己售卖的口罩不符合国家标准仍然将其挂在淘宝店铺进行销售，触犯刑法，涉嫌构成生产、销售不符合标准的医用器材罪，可能被处三年以下有期徒刑或者拘役，并处销售金额百分之五十以上二倍以下罚金。

法条链接

《中华人民共和国刑法》

第一百四十五条 生产不符合保障人体健康的国家标准、行业标准的医疗器械、医用卫生材料，或者销售明知是不符合保障人体健康的国家标准、行业标准的医疗器械、医用卫生材料，足以严重危害人体健康的，处三年以下有期徒刑或者拘役，并处销售金额百分之五十以上二倍以下罚金；对人体健康造成严重危害的，处三年以上十年以下有期徒刑，并处销售金额百分之五十以上二倍以下罚金；后果特别严重的，处十年以上有期徒刑或者无期徒刑，并处销售金额百分之五十以上二倍以下罚金或者没收财产。

122. 疫情期间，在网上传播自己编造的虚假信息，可能受到哪些处罚？

情景再现

小邵是湖北省某大学的一名学生。2020年初疫情暴发之后，从湖北学校回老家的他被社区列为重点观察对象，他每天都得向社区工作人员报告自己的健康状况，小邵觉得很烦。于是，小邵就在微博上编造虚假信息，说有人在湖北投病毒，想要杀死湖北人。此后，小邵的这条微博被多人转发、点赞，引起了广泛关注。那么，小邵在网上传播编造的虚假信息，可能会受到哪些处罚？

以案说法

在疫情防控期间，我们需要遵守国家的规定，不能编造虚假消息，扰乱视听，破坏社会秩序。根据我国《治安管理处罚法》第二十五条的规定，如果有人散布谣言，谎报险情、疫情、警情或者以其他方法故意扰乱公共秩序，会被处五日以上十日以下拘留，可以并处五百元以下罚款；情节较轻的，处五日以下拘留或者五百元以下罚款。

同时，根据最高人民法院、最高人民检察院、公安部、司法部发布的《关于依法惩治妨害新型冠状病毒感染肺炎疫情防控违法犯罪的意见》的规定，编造虚假的疫情信息，在信息网络或者其他媒体上传播，或者明知是虚假疫情信息，故意在信息网络或者其他媒体上传播，严重扰乱社会秩序的，还可能触犯刑法，构成犯罪。

在上面的案例中，小邵编造关于新冠肺炎的虚假信息在网上进行传播，引起了广泛关注，可能需要承担罚款、拘留等责任，严重扰乱社会秩序的，还可能触犯刑法，构成犯罪。

法条链接

《中华人民共和国治安管理处罚法》

第二十五条 有下列行为之一的，处五日以上十日以下拘留，可以并处五百元以下罚款；情节较轻的，处五日以下拘留或者五百元以下罚款：

（一）散布谣言，谎报险情、疫情、警情或者以其他方法故意扰乱公共秩序的；

……

《关于依法惩治妨害新型冠状病毒感染肺炎疫情防控违法犯罪的意见》

二、准确适用法律，依法严惩妨害疫情防控的各类违法犯罪

（六）依法严惩造谣传谣犯罪。编造虚假的疫情信息，在信息网络或者其他媒体上传播，或者明知是虚假疫情信息，故意在信息网络或者其他媒体上传播，严重扰乱社会秩序的，依照刑法第二百九十一条之一第二款的规定，以编造、故意传播虚假信息罪定罪处罚。

编造虚假信息，或者明知是编造的虚假信息，在信息网络上散布，或者组织、指使人员在信息网络上散布，起哄闹事，造成公共

秩序严重混乱的，依照刑法第二百九十三条第一款第四项的规定，以寻衅滋事罪定罪处罚。

利用新型冠状病毒感染肺炎疫情，制造、传播谣言，煽动分裂国家、破坏国家统一，或者煽动颠覆国家政权、推翻社会主义制度的，依照刑法第一百零三条第二款、第一百零五条第二款的规定，以煽动分裂国家罪或者煽动颠覆国家政权罪定罪处罚。

网络服务提供者不履行法律、行政法规规定的信息网络安全管理义务，经监管部门责令采取改正措施而拒不改正，致使虚假疫情信息或者其他违法信息大量传播的，依照刑法第二百八十六条之一的规定，以拒不履行信息网络安全管理义务罪定罪处罚。

对虚假疫情信息案件，要依法、精准、恰当处置。对恶意编造虚假疫情信息，制造社会恐慌，挑动社会情绪，扰乱公共秩序，特别是恶意攻击党和政府，借机煽动颠覆国家政权、推翻社会主义制度的，要依法严惩。对于因轻信而传播虚假信息，危害不大的，不以犯罪论处。

123. 向境外人员提供航天基地的图片材料，是犯罪吗?

情景再现

李某是某村的一名村民，平时种地谋生。李某所在村的附近有某航天发射基地。某天，李某在网上认识的国外好友“好意”给李某提供了一个轻松赚外快的机会，只要李某在航天发射基地外面拍照片就行。李某很心动，想赚这笔钱，但又怕自己拍摄的照片是敏感的军事图片，涉嫌国家机密。李某如果向境外人员提供航天基地的照片，构成犯罪吗？

以案说法

作为公民，我们有义务保守国家秘密。我国《刑法》第一百一十一条规定：“为境外的机构、组织、人员窃取、刺探、收买、非法提供国家秘密或者情报的，处五年以上十年以下有期徒刑；情节特别严重的，处十年以上有期徒刑或者无期徒刑；情节较轻的，处五年以下有期徒刑、拘役、管制或者剥夺政治权利。”如果违法为境外人员提供的航天基地的材料属于国家秘密，提供者将构成为境外非法提供国家秘密、情报罪，受到刑事处罚。

在上述案例中，如果李某在境外的好友要李某提供的图片属于国家秘密，李某一旦心动，为其搜集图片，将构成为境外非法提供国家秘密、情报罪，被处以五年以上十年以下有期徒刑。李某还是应当三思而后行，不要做违法之事。

法条链接

《中华人民共和国刑法》

第一百一十一条 为境外的机构、组织、人员窃取、刺探、收买、非法提供国家秘密或者情报的，处五年以上十年以下有期徒刑；情节特别严重的，处十年以上有期徒刑或者无期徒刑；情节较轻的，处五年以下有期徒刑、拘役、管制或者剥夺政治权利。

124. 恶意透支信用卡构成什么罪?

情景再现

小高今年毕业后到广州做销售。刚刚工作的她，看到身边的女同事穿得都比自己好，一般也都化妆，觉得自己很土，就想跟上潮流，买衣服化妆打扮自己。刚开始，小高都是用自己的工资买，但是后面需要的钱越来越多，小高就在各大银行到处办信用卡，透支信用卡，拆了东墙补西墙。多次透支信用卡后，各大银行打电话多次催小高及时还款，并告知她恶意透支信用卡构成犯罪。那么，恶意透支信用卡构成什么罪?

以案说法

根据我国《刑法》第一百九十六条的规定，恶意透支信用卡的，将构成信用卡诈骗罪。根据《最高人民法院、最高人民检察院关于办理妨害信用卡管理刑事案件具体应用法律若干问题的解释》第六条第一款的规定，恶意透支是指持卡人以非法占有为目的，超过规定限额或者规定期限透支，经发卡银行两次有效催收后超过三个月仍不归还。也就是说，如果持卡人透支信用卡，银行两次有效催收后仍不归还的，将构成信用卡诈骗罪。

在上面的案例中，小高多次透支信用卡且不按期归还，如果经银行两次催还后三个月仍不归还，即为恶意透支信用卡，构成信用卡诈骗罪。

法条链接

《中华人民共和国刑法》

第一百九十六条 有下列情形之一，进行信用卡诈骗活动，数额较大的，处五年以下有期徒刑或者拘役，并处二万元以上二十万元以下罚金；数额巨大或者有其他严重情节的，处五年以上十年以下有期徒刑，并处五万元以上五十万元以下罚金；数额特别巨大或者有其他特别严重情节的，处十年以上有期徒刑或者无期徒刑，并处五万元以上五十万元以下罚金或者没收财产：

……

（四）恶意透支的。

前款所称恶意透支，是指持卡人以非法占有为目的，超过规定限额或者规定期限透支，并且经发卡银行催收后仍不归还的行为。

……

《最高人民法院、最高人民检察院关于办理妨害信用卡管理刑事案件具体应用法律若干问题的解释》

第五条第一款 使用伪造的信用卡、以虚假的身份证明骗领的信用卡、作废的信用卡或者冒用他人信用卡，进行信用卡诈骗活动，数额在五千元以上不满五万元的，应当认定为刑法第一百九十六条规定的“数额较大”；数额在五万元以上不满五十万元的，应当认定为刑法第一百九十六条规定的“数额巨大”；数额在五十万元以上的，应当认定为刑法第一百九十六条规定的“数额特别巨大”。

第六条第一款 持卡人以非法占有为目的，超过规定限额或者规定期限透支，经发卡银行两次有效催收后超过三个月仍不归还的，应当认定为刑法第一百九十六条规定的“恶意透支”。

125. 为犯罪分子提供隐藏住所的行为是否构成犯罪？

情景再现

李某甲是李某乙的亲姐姐。2019 年 8 月的某天，李某甲在家接到李某乙的电话，李某乙称自己喝醉了和老婆何某吵了一架，在吵架时失手将何某推下楼梯，何某当场死亡。李某甲连忙安排李某乙到自己丈夫的老家某乡村去住。后来，公安机关在李某甲丈夫的老家抓到了李某乙，对李某甲也依法进行刑事拘留。那么，李某甲为弟弟提供隐藏住所的行为是否构成犯罪呢？

以案说法

作为公民，我们有检举揭发犯罪行为的义务。明知是犯罪分子，还为犯罪分子提供隐藏处所，帮助其逃匿，以使其不被司法机关发现的行为，根据我国《刑法》第三百一十条第一款的规定，构成窝藏罪，将受到刑事处罚。

在上面的案例中，李某甲在知道李某乙的犯罪行为后，让李某乙躲到了自己丈夫的老家，为李某乙提供隐秘住所，已经触犯刑法，构成了窝藏罪。

法条链接

《中华人民共和国刑法》

第三百一十条第一款 明知是犯罪的人而为其提供隐藏处所、财物，帮助其逃匿或者作假证明包庇的，处三年以下有期徒刑、拘役或者管制；情节严重的，处三年以上十年以下有期徒刑。

126. 让他人在家里吸毒，触犯刑法了吗?

情景再现

张某、王某和李某是初中同学，从初中到工作，三个人联系一直很紧密，感情很好。王某大学毕业后，工作不顺，偶然染上了毒品，张某在王某的影响下，也开始吸毒，两人邀请朋友李某加入。李某虽然拒绝了，但是为了不破坏自己和朋友们多年的感情，没有拒绝张某和王某经常在自己家吸毒的行为。那么，李某让朋友在家里吸毒，触犯刑法了吗?

以案说法

《刑法》第三百五十四条规定：“容留他人吸食、注射毒品的，处三年以下有期徒刑、拘役或者管制，并处罚金。”容留他人在自己家里吸毒，不论是自己主动提供的，还是应吸毒者的要求提供的，只要是故意提供场所给他人吸毒的，均构成容留他人吸毒罪，会被刑事处罚。

在上面的案例中，李某为了保持和张某、王某的友谊，容留张某、王某在自己家里吸毒，给张某、王某吸毒提供场所，已经触犯了刑法，构成容留他人吸毒罪，可能被处三年以下有期徒刑、拘役或者管制，并处罚金。

法条链接

《中华人民共和国刑法》

第三百五十四条　容留他人吸食、注射毒品的，处三年以下有期徒刑、拘役或者管制，并处罚金。

127. 未满十四岁的幼女自愿和成年人发生性行为，该成年人是否构成强奸罪？

情景再现

小周是某大学大三的一名学生，他在网上认识了一名女网友小美，自称和他同龄，两人在网上聊得很开心，就相约在线下见面。见面之后，小周发现小美明显很小，和她所称的年龄不符合，但还是和小美继续去约会，看电影，并在晚上开房，发生了性行为。一周后，小周被公安机关以强奸罪依法传唤，小周认为自己很委屈，明明发生关系时小美也是自愿的，怎么会构成强奸罪呢？那么，小周的行为构成强奸罪吗？

以案说法

鉴于幼女的心智发育不成熟，对性行为可能不具备清晰的认知，不能很好地保护自己，我国《刑法》第二百三十六条第二款规定：“奸淫不满十四周岁的幼女的，以强奸论，从重处罚。”根据这项规定，与未满十四周岁的幼女发生性行为，无论对方自愿与否，行为人均构成强奸罪。

在上面的案例中，小周通过小美的身体发育状况、言谈举止、衣着特征等观察到小美可能还未满十四周岁，在明知小美是幼女的情况下，还是和小美发生了性行为，已经构成了强奸罪，并且可能从重处罚。

法条链接

《中华人民共和国刑法》

第二百三十六条第二款 奸淫不满十四周岁的幼女的，以强奸论，从重处罚。

128. 在网上散布第三者隐私，导致严重后果的，是否构成犯罪？

情景再现

赵先生和孙小姐是高中同学，两人高中毕业后就在一起了，大学毕业后，感情深厚的两人结婚了。结婚两年后，孙小姐偶然发现赵先生和他的下属钱小姐私下联系密切，两人在外出差时甚至同住一个房间。孙小姐觉得十分气愤，就通过微博、微信朋友圈等方式将钱小姐和赵先生开房的视频上传网络。钱小姐知道后，一时不忿，觉得太丢脸了，在某天夜晚承受不住压力的她，服用安眠药自杀了。那么，孙小姐在网上散布钱小姐隐私视频，导致钱小姐自杀，其是否构成犯罪?

以案说法

我国《刑法》第二百四十六条第一款规定："以暴力或者其他方法公然侮辱他人或者捏造事实诽谤他人，情节严重的，处三年以下有期徒刑、拘役、管制或者剥夺政治权利。"换言之，以贬损他人人格、破坏他人名誉为目的，通过暴力、言语等方式侮辱他人造成严重后果的，行为人将涉嫌侮辱罪。

在上面的案例中，孙小姐为了让第三者钱小姐难堪，在网上散布钱小姐的隐私视频，虽然孙小姐泄愤的动机可以理解，但是她的行为还是不能被原谅，她的行为造成钱小姐自杀的严重后果，已经构成了侮辱罪。

法条链接

《中华人民共和国刑法》

第二百四十六条第一款 以暴力或者其他方法公然侮辱他人或者捏造事实诽谤他人，情节严重的，处三年以下有期徒刑、拘役、管制或者剥夺政治权利。

129. 故意放狗咬人，会受到刑事处罚吗？

情景再现

张阿姨和李小姐是邻居。最近，因为李小姐经常晚上在家里听歌，房间的隔音不太好，打扰到了隔壁的张阿姨，两人有了一些争执。某天，张阿姨在小区遛狗时，遇上了下班回家的李小姐，张阿姨想给李小姐一个教训，就松开了牵引绳，让小狗去咬李小姐，李小姐因此受了轻伤。那么，张阿姨故意放狗咬人，会受到刑事处罚吗？

以案说法

我国《刑法》第二百三十四条明确规定：“故意伤害他人身体的，处三年以下有期徒刑、拘役或者管制。犯前款罪，致人重伤的，处三年以上十年以下有期徒刑；致人死亡或者以特别残忍手段致人重伤造成严重残疾的，处十年以上有期徒刑、无期徒刑或者死刑。本法另有规定的，依照规定。”如果放狗咬人，故意伤害他人，造成了他人轻伤的，这种行为就已经触犯了刑法，将构成故意伤害罪。

在上面的案例中，张阿姨因为和李小姐有摩擦，故意放狗咬李小姐，造成李小姐轻伤，已经构成了故意伤害罪，其可能会被处以三年以下有期徒刑、拘役或者管制。

法条链接

《中华人民共和国刑法》

第二百三十四条 故意伤害他人身体的，处三年以下有期徒刑、拘役或者管制。

犯前款罪，致人重伤的，处三年以上十年以下有期徒刑；致人死亡或者以特别残忍手段致人重伤造成严重残疾的，处十年以上有期徒刑、无期徒刑或者死刑。本法另有规定的，依照规定。

130. 生了孩子不想要，将孩子扔了，触犯刑法吗？

情景再现

小李是某高中的一名高三学生。她和男朋友小张在发生性行为时没有做好安全措施，导致自己怀孕了。两人都是学生，正是学习最为辛苦的时候，他们也不敢告诉父母。某天，小李在某宾馆生下了一名男婴，手足无措的两人不知道怎么办，也不想年纪轻轻的就养孩子，就直接把婴儿扔在宾馆，逃跑了。那么，小李和小张的行为违反了刑法的规定吗？

以案说法

父母子女、夫妻等家庭成员间具有法定的扶养义务，在一方不能独立生活时，其他人拒不扶养的，根据我国《刑法》第二百六十一条的规定，对于年老、年幼、患病或者其他没有独立生活能力的人，负有扶养义务而拒绝扶养，情节恶劣的，处五年以下有期徒刑、拘役或者管制。如果父母对孩子生而不养，将触犯刑法，构成遗弃罪。

在上面的案例中，小李和小张生下了自己的孩子，对这个孩子具有法定的抚养义务，他们将孩子遗弃在宾馆里，已经构成了遗弃罪，可能受到五年以下有期徒刑、拘役或者管制的刑事处罚。

法条链接

《中华人民共和国刑法》

第二百六十一条 对于年老、年幼、患病或者其他没有独立生活能力的人，负有扶养义务而拒绝扶养，情节恶劣的，处五年以下有期徒刑、拘役或者管制。

131. 为了要钱把欠款人关起来，触犯刑法吗?

情景再现

2020年6月，简先生借给朋友朱先生20万元，朱先生承诺简先生3个月内还款。还款期限到了，朱先生一直推脱，不想还钱。2020年12月，简先生的女儿生病了，急需用钱，但是朱先生还是以各种理由推脱，说自己没钱。简先生为了拿回自己的钱，就将朱先生扣留在自己家里，要求朱先生的家人把钱带过来，不给钱不准走，把朱先生扣留了一天。那么，简先生的行为触犯刑法了吗?

以案说法

根据我国《刑法》第二百三十八条第一款、第三款的规定，非法拘禁他人或者以其他方法非法剥夺他人人身自由的，处三年以下有期徒刑、拘役、管制或者剥夺政治权利。具有殴打、侮辱情节的，从重处罚。犯前款罪，致人重伤的，处三年以上十年以下有期徒刑；致人死亡的，处十年以上有期徒刑。使用暴力致人伤残、死亡的，依照本法第二百三十四条、第二百三十二条的规定定罪处罚。为索取债务非法扣押、拘禁他人的，依照前两款的规定处罚。也就是说，如果债权人为了索要债务将他人非法拘禁，将触犯刑法，构成非法拘禁罪。

在上面的案例中，简先生为了向朱先生索要债务，将朱先生非法扣留在自己的家中，非法限制了朱先生的人身自由，构成了非法拘禁罪，将受到刑事制裁。

法条链接

《中华人民共和国刑法》

第二百三十八条第一款　非法拘禁他人或者以其他方法非法剥夺他人人身自由的，处三年以下有期徒刑、拘役、管制或者剥夺政治权利。具有殴打、侮辱情节的，从重处罚。

第二款　犯前款罪，致人重伤的，处三年以上十年以下有期徒刑；致人死亡的，处十年以上有期徒刑。使用暴力致人伤残、死亡的，依照本法第二百三十四条、第二百三十二条的规定定罪处罚。

第三款 为索取债务非法扣押、拘禁他人的，依照前两款的规定处罚。

132. 什么情况下司机会构成交通肇事罪?

情景再现

2020年8月2日下午4点，蒋先生开车去女儿学校开家长会。在路上，正好遇上了堵车，浪费了很多时间。蒋先生在距离只有一个路口就到学校时，遇上了一个长达120秒的红灯，蒋先生一看来不及了，路上人、车也不多，就一狠心闯了红灯，结果撞上了另一辆正常行驶的汽车，造成该车上一人死亡，一人受重伤。那么，在这种情况下，蒋先生构成交通肇事罪吗?

以案说法

根据我国《刑法》第一百三十三条的规定，违反交通运输管理法规，因而发生重大事故，致人重伤、死亡或者使公私财产遭受重大损失的，就已经构成了交通肇事罪。同时，根据我国《最高人民法院关于审理交通肇事刑事案件具体应用法律若干问题的解释》第二条的规定，交通肇事具有下列情形之一的，才达到量刑标准：（1）死亡一人或者重伤三人以上，负事故全部或主要责任的；（2）死亡三人以上，负事故同等责任的；（3）造成公共财产或他人财产直接损失，负事故全部或主要责任，无能力赔偿数额在三十万元以上的。也就是说，如果司机违反交通规则，具有以上情形之一的，就已经达到交通肇事罪的量刑标准了，就会受到刑事处罚。

在上面的案例中，蒋先生违反交通规则，闯红灯造成一人死亡、一人重伤，已经触犯了刑法，达到了交通肇事罪的量刑标准，构成交通肇事罪。

法条链接

《中华人民共和国刑法》

第一百三十三条　违反交通运输管理法规，因而发生重大事故，致人重伤、死亡或者使公私财产遭受重大损失的，处三年以下有期徒刑或者拘役；交通运输肇事后逃逸或者有其他特别恶劣情节的，处三年以上七年以下有期徒刑；因逃逸致人死亡的，处七年以上有期徒刑。

《最高人民法院关于审理交通肇事刑事案件具体应用法律若干问题的解释》

第二条　交通肇事具有下列情形之一的，处三年以下有期徒刑或者拘役：

（一）死亡一人或者重伤三人以上，负事故全部或者主要责任的；

（二）死亡三人以上，负事故同等责任的；

（三）造成公共财产或者他人财产直接损失，负事故全部或者主要责任，无能力赔偿数额在三十万元以上的。

交通肇事致一人以上重伤，负事故全部或者主要责任，并具有下列情形之一的，以交通肇事罪定罪处罚：

（一）酒后、吸食毒品后驾驶机动车辆的；

（二）无驾驶资格驾驶机动车辆的；

（三）明知是安全装置不全或者安全机件失灵的机动车辆而驾驶的；

（四）明知是无牌证或者已报废的机动车辆而驾驶的；

（五）严重超载驾驶的；

（六）为逃避法律追究逃离事故现场的。

第十二章　诉讼法律知识

133. 在离婚诉讼中，被告离开住所地超过一年的，原告可以向自己住所地的法院起诉吗?

情景再现

范某是某村村民，其丈夫朱某一直在外打工，范某自己一个人留在村子里照顾孩子和老人。在外出打工的前两年，朱某每年春节都回来一次。但是，后来朱某常年都不回家，只是平常按时给范某打钱。时间久了，范某觉得自己已经和朱某没有任何感情了，朱某已经连续两年都没有回来看望他们，自己每天都很煎熬，觉得日子没有任何指望。于是，范某便向朱某提出离婚，而朱某认为自己是为了照顾他们才辛苦在外打工，不同意离婚。为此，范某准备向法院起诉离婚。可是因朱某一直在外地打工，自己不方便到外地法院起诉。所以，范某想向自己所在地的法院起诉离婚。那么，范某是否可以向自己住所地法院起诉?

以案说法

范某可以向其住所地法院起诉。根据我国《最高人民法院关于适用〈中华人民共和国民事诉讼法〉的解释》第十二条的规定，夫妻一方离开住所地超过一年，另一方起诉离婚的案件，可以由原告住所地人民法院管辖。夫妻双方离开住所地超过一年，一方起诉离婚的案件，由被告经常居住地人民法院管辖；没有经常居住地的，由原告起诉时被告居住地人民法院管辖。据此可知，在一般情况下，我国民事诉讼管辖由被告所在地的人民法院管辖，即“原告就被告”。但是，在特殊情况下，可以由原告所在地的法院管辖。

在上面的案例中，范某的丈夫朱某一直在外地打工，已经离开住所地两年，范某在向法院起诉离婚时，可以向自己住所地法院提起诉讼。

法条链接

《最高人民法院关于适用〈中华人民共和国民事诉讼法〉的解释》

第十二条 夫妻一方离开住所地超过一年，另一方起诉离婚的案件，可以由原告住所地人民法院管辖。

夫妻双方离开住所地超过一年，一方起诉离婚的案件，由被告经常居住地人民法院管辖；没有经常居住地的，由原告起诉时被告居住地人民法院管辖。

134. 在继承纠纷中，如果被告一方不在中国境内居住，应向哪个法院起诉？

情景再现

李大爷是某国有企业的退休员工，其有三个子女，大儿子在大学毕业之后便到国外留学，后来就定居在国外。2019 年 7 月，李大爷因突发心脏病而去世。在李大爷去世之后，其三个子女因遗产分割问题发生纠纷。二儿子和小女儿都认为他们的大哥长年在国外，没有尽过任何赡养义务，不应该分得遗产。但是，李大爷的大儿子认为自己是法定继承人，有权利分割遗产。为此，李大爷的二儿子和小女儿准备向法院提起诉讼。可是，由于他们的大哥在国外，两人不知道应该向哪个法院起诉。那么，在继承纠纷中，如果被告一方不在中国境内居住，应向哪个法院起诉？

以案说法

在民事诉讼中，一般情况下，原告应该向被告所在地法院起诉。但是，有的情况下，比如被告可能在国外居住，向被告住所地法院起诉很不方便。对此，我国《民事诉讼法》第二十二条规定，对不在中华人民共和国领域内居住的人提起的有关身份关系的诉讼，由原告住所地人民法院管辖；原告住所地与经常居住地不一致的，由原告经常居住地人民法院管辖。法律之所以这样规定，是为了方便原告提起诉讼。

在本案中，李大爷的三个子女因遗产分割问题发生纠纷，二儿子和小女儿作为原告，准备将大儿子诉至法院。因其大儿子居住在国外，所以在此种情况下，李大爷的二儿子和小女儿可以向他们的住所地法院起诉。

法条链接

《中华人民共和国民事诉讼法》

第二十二条 下列民事诉讼，由原告住所地人民法院管辖；原告住所地与经常居住地不一致的，由原告经常居住地人民法院管辖：

（一）对不在中华人民共和国领域内居住的人提起的有关身份关系的诉讼；

（二）对下落不明或者宣告失踪的人提起的有关身份关系的诉讼；

（三）对被采取强制性教育措施的人提起的诉讼；

（四）对被监禁的人提起的诉讼。

135. 虚假诉讼的当事人，将要承担什么法律责任？

情景再现

某房地产公司资金短缺，为了逃避债务，转移资产，该公司与某建筑公司伪造《商品房买卖合同》，并将双方之间其他业务往来的资金作为定金。之后，某建筑公司向法院提起诉讼，要求房地产公司承担未按时交房的违约责任，并双倍返还定金300万元。法院受理此案后，经过调查取证，发现双方属于虚假诉讼，要求其承担相应的法律责任。那么，公司恶意起诉的，其将会承担何种法律责任？

以案说法

根据我国《民事诉讼法》第一百一十二条的规定，当事人之间恶意串通，企图通过诉讼、调解等方式侵害他人合法权益的，人民法院应当驳回其请求，并根据情节轻重予以罚款、拘留；构成犯罪的，依法追究刑事责任。同时，《最高人民法院关于适用〈中华人民共和国民事诉讼法〉的解释》第一百九十一条也规定，单位有民事诉讼法第一百一十二条或者第一百一十三条规定行为的，人民法院应当对该单位进行罚款，并可以对其主要负责人或者直接责任人员予以罚款、拘留；构成犯罪的，依法追究刑事责任。据此可知，对于进行虚假诉讼的当事人，其诉讼请求不但会被法院驳回，而且还需要根据情节的轻重承担相应的行政责任。如果情节非常严重的，还要承担刑事责任。

在上面的案例中，某房地产公司与某建筑公司之间恶意串通，企图通过诉讼转移资产，逃避债务，在人民法院发现之后，其请求会被驳回，而且还会对其进行行政处罚。

法条链接

《中华人民共和国民事诉讼法》

第一百一十二条　当事人之间恶意串通，企图通过诉讼、调解等方式侵害他人合法权益的，人民法院应当驳回其请求，并根据情节轻重予以罚款、拘留；构成犯罪的，依法追究刑事责任。

《最高人民法院关于适用〈中华人民共和国民事诉讼法〉的解释》

第一百九十一条 单位有民事诉讼法第一百一十二条或者第一百一十三条规定行为的，人民法院应当对该单位进行罚款，并可以对其主要负责人或者直接责任人员予以罚款、拘留；构成犯罪的，依法追究刑事责任。

136. 冒充他人提起诉讼的，是否需要承担法律责任？

情景再现

吴某在某公司担任经理，经济条件非常好。2019 年 1 月，吴某借了 5 万块钱给于某，双方约定期限为一年。在期限届满之后，于某无法按时归还，吴某因双方关系非常好，也一直没有要求于某还钱。后来，吴某的朋友唐某得知此事后，便伪造了一份某律师事务所的函件，称自己是吴某的委托代理人，向法院起诉，要求于某归还借款。法院在办理案件的过程中，发现唐某所提交的律师事务所函件是伪造的，该律师事务所并不存在，是唐某虚构的，并且委托书中委托人的签名也并非吴某本人所签。那么，冒充他人提起诉讼的，是否需要承担法律责任？

以案说法

冒充他人提起诉讼的行为是违法的，对于此种行为，根据我国《最高人民法院关于适用〈中华人民共和国民事诉讼法〉的解释》第一百八十九条和《民事诉讼法》第一百一十一条的规定，冒充他人提起诉讼或者参加诉讼的，人民法院可以根据情节轻重予以罚款、拘留；构成犯罪的，依法追究刑事责任。据此可知，冒充他人提起诉讼的，将会受到行政处罚，如果情节严重的，还可能构成犯罪。

在上面的案例中，唐某伪造律师函，冒充吴某的委托代理人提起诉讼，这种行为严重破坏了法院正常的审判秩序，侵害了当事人的诉讼权利。因此，唐某将会被法院处以罚款或拘留。

法条链接

《最高人民法院关于适用〈中华人民共和国民事诉讼法〉的解释》

第一百八十九条　诉讼参与人或者其他人有下列行为之一的，人民法院可以适用民事诉讼法第一百一十一条的规定处理：

（一）冒充他人提起诉讼或者参加诉讼的；

……

《中华人民共和国民事诉讼法》

第一百一十一条　诉讼参与人或者其他人有下列行为之一的，人民法院可以根据情节轻重予以罚款、拘留；构成犯罪的，依法追究刑事责任：

……

人民法院对有前款规定的行为之一的单位，可以对其主要负责人或者直接责任人员予以罚款、拘留；构成犯罪的，依法追究刑事责任。

137. 违背法律禁止性规定收集的证据能否作为认定案件事实的依据?

情景再现

张某与李某是夫妻，后来，两人因夫妻感情破裂而协议离婚。在离婚之后，李某发现丈夫张某隐藏了婚姻关系存续期间的夫妻共同财产即一幅价值3万元的字画。于是，李某准备向法院起诉，要求法院重新分割财产。但是，李某找不到任何证据。为此，李某找了几个人，趁张某下班时抓住张某，并将张某关在了一个车库里，称只有张某承认自己在婚姻关系存续期间购买了字画，并交出购买字画的证据才能放出他。张某在被关了三天之后，将购买字画的票据交给了李某。那么，李某通过限制张某自由所获得的证据是否可以作为认定案件事实的依据?

以案说法

《最高人民法院关于适用〈中华人民共和国民事诉讼法〉的解释》第一百零六条规定，对以严重侵害他人合法权益、违反法律禁止性规定或者严重违背公序良俗的方法形成或者获取的证据，不得作为认定案件事实的依据。由此可知，必须是合法的证据才能作为认定案件基本事实的依据。如果证据是以严重侵犯他人合法权益、违反法律禁止性规定或严重违背公序良俗的方式形成或取得的，则无法作为证据使用。

在上面的案例中，李某限制张某的人身自由，此种行为属于违法法律规定的行为，即使李某获得了证据，该证据也不能作为认定案件事实的依据。

法条链接

《最高人民法院关于适用〈中华人民共和国民事诉讼法〉的解释》

第一百零六条 对以严重侵害他人合法权益、违反法律禁止性规定或者严重违背公序良俗的方法形成或者获取的证据，不得作为认定案件事实的依据。

138. 经过公证的微信聊天记录可以作为证据吗?

情景再现

尚某与言某是夫妻，因尚某长年在外地上班，两人感情逐渐破裂。言某发现尚某不仅回家的次数越来越少，而且两人联系的时间也很少。后来，言某发现丈夫尚某很可能已经出轨了，尚某非常伤心。一次，言某在微信中询问尚某，尚某承认自己有了其他女人，但是，其称自己仍然会对言某和孩子负责任的。之后，言某无法忍受丈夫出轨，便提出离婚。而尚某认为离婚会对自己的事业产生影响，坚决不同意。于是，言某便向法院提起诉讼，并将两人的微信记录做了公证，以此作为证据，证明其丈夫是有过错方。那么，经过公证的微信聊天记录可以作为证据吗?

以案说法

经过公证的微信聊天记录可以作为证据使用。我国《民事诉讼法》第六十三条规定，证据包括电子数据。同时，《最高人民法院关于适用〈中华人民共和国民事诉讼法〉的解释》第一百一十六条规定，电子数据是指通过电子邮件、电子数据交换、网上聊天记录、博客、微博客、手机短信、电子签名、域名等形成或者存储在电子介质中的信息。据此可知，微信聊天记录属于电子数据，是证据的一种。另外，《最高人民法院关于民事诉讼证据的若干规定》第九十四条第二款规定，电子数据的内容经公证机关公证的，人民法院应当确认其真实性，但有相反证据足以推翻的除外。

在上面的案例中，言某与尚某的微信聊天记录属于电子数据，并且言某已经对微信聊天记录做了公证，所以，如果没有相反证据推翻的情况下，该微信聊天记录是可以作为证据使用的。

法条链接

《中华人民共和国民事诉讼法》

第六十三条 证据包括：

……

（五）电子数据；

……

《最高人民法院关于适用〈中华人民共和国民事诉讼法〉的解释》

第一百一十六条　视听资料包括录音资料和影像资料。

电子数据是指通过电子邮件、电子数据交换、网上聊天记录、博客、微博客、手机短信、电子签名、域名等形成或者存储在电子介质中的信息。

存储在电子介质中的录音资料和影像资料，适用电子数据的规定。

《最高人民法院关于民事诉讼证据的若干规定》

第九十四条　电子数据存在下列情形的，人民法院可以确认其真实性，但有足以反驳的相反证据的除外：

（一）由当事人提交或者保管的于己不利的电子数据；

（二）由记录和保存电子数据的中立第三方平台提供或者确认的；

（三）在正常业务活动中形成的；

（四）以档案管理方式保管的；

（五）以当事人约定的方式保存、传输、提取的。

电子数据的内容经公证机关公证的，人民法院应当确认其真实性，但有相反证据足以推翻的除外。

139. 当事人拒不履行已经生效的判决书的，是否要承担法律责任?

情景再现

2018 年 5 月，赵某因儿子结婚买房急需用钱，其便向自己的好朋友姚某借了 3 万块钱，约定在一年之后归还。然而，期限届满后，赵某一直以各种理由拒绝履行偿还义务。为此，姚某便向法院起诉，要求判决赵某归还自己借款。法院在受理案件之后，经过审理，依法判决赵某履行偿还借款的义务。但是，在判决生效之后，赵某仍然没有履行还款义务。为此，姚某又申请强制执行。法院在强制执行过程中，赵某有履行能力，却对执行人员实施暴力，拒绝履行义务。那么，拒不履行已经生效的判决书的当事人是否要承担法律责任?

以案说法

对于当事人拒不履行已经生效的判决书的行为，我国《民事诉讼法》第一百一十一条中明确规定，诉讼参与人或者其他人拒不履行人民法院已经发生法律效力的判决、裁定的，人民法院可以根据情节轻重予以罚款、拘留；构成犯罪的，依法追究刑事责任。所以，如果当事人有履行能力，但是却拒不履行已经生效的判决书，是需要承担法律责任的。

在上面的案例中，赵某有能力履行偿还欠款的义务，但是，在法院执行的过程中，赵某不但没有履行义务，而且对执行人员使用暴力，此种行为是违法的。赵某将会被人民法院处以罚款或者拘留，如果情节严重，还可能会被追究刑事责任。

法条链接

《中华人民共和国民事诉讼法》

第一百一十一条　诉讼参与人或者其他人有下列行为之一的，人民法院可以根据情节轻重予以罚款、拘留；构成犯罪的，依法追究刑事责任：

……

（六）拒不履行人民法院已经发生法律效力的判决、裁定的。

人民法院对有前款规定的行为之一的单位，可以对其主要负责人或者直接责任人员予以罚款、拘留；构成犯罪的，依法追究刑事责任。

140. 被执行人恶意串通逃避履行判决书确定的义务的，将要承担何种法律责任？

情景再现

邓某是某公司员工，在工作了几年之后，其便自己出来创业。由于邓某自己的资金有限，邓某便通过朋友介绍向魏某贷款6万元，并以自己的一辆价值10万元的轿车作为抵押。后来，在期限届满之后，邓某一直没有归还贷款。因此，魏某向法院起诉，法院经过审理，判决邓某履行还款义务。判决生效后，邓某还是不还款，魏某便申请强制执行，准备将邓某的轿车进行拍卖。此时，邓某的朋友于某为了帮助邓某逃避履行义务，向法院提出异议，称自己才是该辆轿车的所有权人。后来，邓某与于某恶意串通的行为被发现。那么，被执行人恶意串通逃避履行判决书确定的义务的，将要承担何种法律责任?

以案说法

现实生活中，部分被执行人存在侥幸心理，想逃避履行法律文书确定的义务，这种行为是违法的。对此，我国《民事诉讼法》第一百一十三条规定，被执行人与他人恶意串通，通过诉讼、仲裁、调解等方式逃避履行法律文书确定的义务的，人民法院应当根据情节轻重予以罚款、拘留；构成犯罪的，依法追究刑事责任。由此可知，被执行人与他人恶意串通逃避履行义务的行为是违法的，其将会被处以罚款或拘留，甚至会被追究刑事责任。

在上面的案例中，邓某为了逃避生效判决确定的义务，与于某串通，向法院提出执行异议，其将会受到罚款或者拘留的处罚。如果构成犯罪，其还可能会被追究刑事责任。

法条链接

《中华人民共和国民事诉讼法》

第一百一十三条 被执行人与他人恶意串通，通过诉讼、仲裁、调解等方式逃避履行法律文书确定的义务的，人民法院应当根据情节轻重予以罚款、拘留；构成犯罪的，依法追究刑事责任。

141. 在行政诉讼案件中，应如何分配举证责任?

情景再现

范某大学毕业后，准备自己创业，和同学一起成立一家公司。于是，范某便和同学忙着准备成立公司所需的材料。在按照规定准备完相关的材料之后，范某就到某工商局申请营业执照。但是，工商局却以范某等人的场地不符合要求为由，拒绝颁发营业执照。为此，范某等人非常生气，准备向法院提起行政诉讼。但是，范某想到如果他们提起行政诉讼，就必须要提供证据，可是他们觉得自己很难提出证据。此时，范某的一个同学提出，行政诉讼应当由被告承担举证责任。那么，在行政诉讼案件中，应如何分配举证责任?

以案说法

在行政诉讼中，关于举证责任的分配，我国《行政诉讼法》第三十四条规定，被告对作出的行政行为负有举证责任，应当提供作出该行政行为的证据和所依据的规范性文件。被告不提供或者无正当理由逾期提供证据，视为没有相应证据。但是，被诉行政行为涉及第三人合法权益，第三人提供证据的除外。同时，该法第三十五条规定，在诉讼过程中，被告及其诉讼代理人不得自行向原告、第三人和证人收集证据。据此可知，在行政诉讼案件中，被告有义务承担举证责任，证明自己所作出的行政行为是合法的。

在本案中，范某等人向法院起诉，某工商局作为被告，其应当承担举证责任。如果不能提供，则视为没有证据。

法条链接

《中华人民共和国行政诉讼法》

第三十四条 被告对作出的行政行为负有举证责任，应当提供作出该行政行为的证据和所依据的规范性文件。

被告不提供或者无正当理由逾期提供证据，视为没有相应证据。但是，被诉行政行为涉及第三人合法权益，第三人提供证据的除外。

第三十五条 在诉讼过程中，被告及其诉讼代理人不得自行向原告、第三人和证人收集证据。

142. 刑事诉讼中，犯罪嫌疑人签署认罪认罚具结书需要什么条件？

情景再现

林某因涉嫌诈骗而被公安机关立案侦查。在侦查过程中，一开始，林某不承认自己所犯的罪行。后来，为了争取从宽处理，林某承认自己的罪行。因林某认罪，在检察院提起公诉之后，林某同意检察院所指控的罪名，并自愿供述自己的罪行，也同意检察院提出的量刑建议和适用简易程序审理此案。为此，检察机关准备让林某签署认罪认罚具结书。但是，因当时林某的辩护律师没有在场，故检察机关准备等其辩护人在场时再签署。那么，在刑事诉讼中，犯罪嫌疑人签署认罪认罚具结书需要辩护人在场吗？

以案说法

认罪认罚具结书是法院对被告人从宽处理的一种依据，是指犯罪嫌疑人、被告人自愿如实供述自己的罪行，对公诉机关指控的主要犯罪事实、罪名无异议，同意量刑建议以及适用速裁程序或简易程序等，表示其愿意承担相应法律责任，并且认真悔过而签署的一种法律文书。关于犯罪嫌疑人签署认罪认罚具结书的条件，我国《刑事诉讼法》第一百七十四条规定，犯罪嫌疑人自愿认罪，同意量刑建议和程序适用的，应当在辩护人或者值班律师在场的情况下签署认罪认罚具结书。犯罪嫌疑人认罪认罚，有下列情形之一的，不需要签署认罪认罚具结书：（1）犯罪嫌疑人是盲、聋、哑人，或者是尚未完全丧失辨认或者控制自己行为能力的精神病人的；（2）未成年犯罪嫌疑人的法定代理人、辩护人对未成年人认罪认罚有异议的；（3）其他不需要签署认罪认罚具结书的情形。

在上面的案例中，林某为了争取宽大处理，自愿承认自己的罪行，根据法律的规定，其在签署认罪认罚具结书时，他的辩护人或值班律师必须在场。所以，检察机关的做法是正确的。

法条链接

《中华人民共和国刑事诉讼法》

第一百七十四条　犯罪嫌疑人自愿认罪，同意量刑建议和程序适用的，应当在辩护人或者值班律师在场的情况下签署认罪认罚具结书。

犯罪嫌疑人认罪认罚，有下列情形之一的，不需要签署认罪认罚具结书：

（一）犯罪嫌疑人是盲、聋、哑人，或者是尚未完全丧失辨认或者控制自己行为能力的精神病人的；

（二）未成年犯罪嫌疑人的法定代理人、辩护人对未成年人认罪认罚有异议的；

（三）其他不需要签署认罪认罚具结书的情形。

143. 对于犯罪嫌疑人拒不认罪但证据确实充分的，可以认定被告人有罪吗？

情景再现

许某从小就非常贪玩，长大之后整天无所事事，经常和一些朋友混在一起。一次，许某因赌博输了很多钱，债主一直要求其还钱，并且威胁许某如果不还钱就打断他的腿。为了尽快还钱，许某准备去某商场盗窃。后来，许某经过多次观察，将目标定在了某商场。于是，许某等到该商场关门之后，趁保安不注意，将商场的门撬开进行盗窃，盗得价值近 10 万元的物品。后来，该商场报警，公安机关经过侦查，迅速逮捕了许某。但许某拒不认罪。而公安机关有该商场的监控录像作为证据。那么，对于犯罪嫌疑人拒不认罪但证据确实充分的，可以认定被告人有罪吗？

以案说法

我国《刑事诉讼法》第五十五条规定，对一切案件的判处都要重证据，重调查研究，不轻信口供。只有被告人供述，没有其他证据的，不能认定被告人有罪和处以刑罚；没有被告人供述，证据确实、充分的，可以认定被告人有罪和处以刑罚。但是，证据确实、充分，应当符合以下条件：（1）定罪量刑的事实都有证据证明；（2）据以定案的证据均经法定程序查证属实；（3）综合全案证据，对所认定事实已排除合理怀疑。据此可知，即使没有被告人的供述，如果证据确实、充分，也能够认定被告人有罪。

在上面的案例中，虽然许某不承认自己的罪行，但是，有监控录像等视听资料为证，足以证明许某构成犯罪。所以，法院可以认定许某盗窃罪成立。

法条链接

《中华人民共和国刑事诉讼法》

第五十五条　对一切案件的判处都要重证据，重调查研究，不轻信口供。只有被告人供述，没有其他证据的，不能认定被告人有罪和处以刑罚；没有被告人供述，证据确实、充分的，可以认定被告人有罪和处以刑罚。

证据确实、充分，应当符合以下条件：

（一）定罪量刑的事实都有证据证明；

（二）据以定案的证据均经法定程序查证属实；

（三）综合全案证据，对所认定事实已排除合理怀疑。

144. 因见义勇为而被误认为恶意伤害他人的，是否可以申请法律援助？

情景再现

方某是某小区居民，其平日里好吃懒做，以赌博为业。一天，方某在回家的路上，看到邻居曾某被人跟踪。方某怀疑此人心怀不轨，便跟在此人后面。在半路上，方某看到跟踪曾某的人拿起砖将曾某打晕，准备拿走曾某的钱包。此时，方某马上跑过去制止，对方看到方某过来之后，迅速逃跑。之后，方某便将曾某送往医院。但是，曾某及家人都认为是方某将其打伤的，要求方某承担损害赔偿责任，支付相关医疗费。为此，曾某在康复之后，向法院起诉方某。但是，方某从小就是孤儿，自己没有能力聘请律师。那么，在此种情况下，方某可以申请法律援助吗?

以案说法

我国《法律援助条例》第十条第一款第六项规定，对主张因见义勇为行为产生的民事权益需要代理的事项，公民因经济困难没有委托代理人的，可以向法律援助机构申请法律援助。同时，根据本条例第十四条的规定，公民主张因见义勇为行为产生的民事权益的，应当向被请求人住所地的法律援助机构提出申请。据此可知，见义勇为是我国法律所提倡和鼓励的行为，对于因见义勇为而被起诉且没有能力委托代理人的，其可以向自己住所地的法律援助机构申请法律援助。

在本案中，方某因见义勇为而被曾某起诉，要求其承担损害赔偿的责任，因方某经济困难无法委托代理人，根据法律规定，其可以申请法律援助。

法条链接

《法律援助条例》

第十条　公民对下列需要代理的事项，因经济困难没有委托代理人的，可以向法律援助机构申请法律援助：

（一）依法请求国家赔偿的；

（二）请求给予社会保险待遇或者最低生活保障待遇的；

（三）请求发给抚恤金、救济金的；

（四）请求给付赡养费、抚养费、扶养费的；

（五）请求支付劳动报酬的；

（六）主张因见义勇为行为产生的民事权益的。

省、自治区、直辖市人民政府可以对前款规定以外的法律援助事项作出补充规定。

公民可以就本条第一款、第二款规定的事项向法律援助机构申请法律咨询。

第十四条　公民就本条例第十条所列事项申请法律援助，应当按照下列规定提出：

（一）请求国家赔偿的，向赔偿义务机关所在地的法律援助机构提出申请；

（二）请求给予社会保险待遇、最低生活保障待遇或者请求发给抚恤金、救济金的，向提供社会保险待遇、最低生活保障待遇或者发给抚恤金、救济金的义务机关所在地的法律援助机构提出申请；

（三）请求给付赡养费、抚养费、扶养费的，向给付赡养费、抚养费、扶养费的义务人住所地的法律援助机构提出申请；

（四）请求支付劳动报酬的，向支付劳动报酬的义务人住所地的法律援助机构提出申请；

（五）主张因见义勇为行为产生的民事权益的，向被请求人住所地的法律援助机构提出申请。